KB122951

한번에 바로 통하는

여행
중국어
회화

최정임 • 지음

새론북스

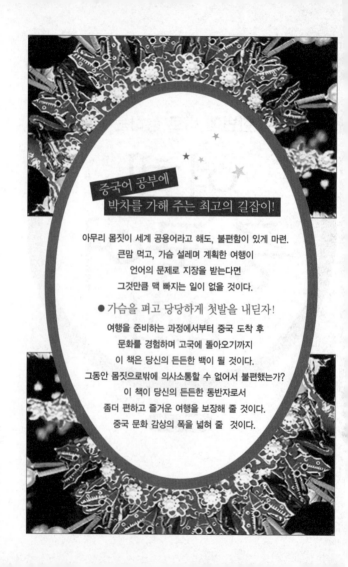

중국어 공부에
박차를 가해 주는 최고의 길잡이!

아무리 몸짓이 세계 공용어라고 해도, 불편함이 있게 마련.
큰맘 먹고, 가슴 설레며 계획한 여행이
언어의 문제로 지장을 받는다면
그것만큼 맥 빠지는 일이 없을 것이다.

● 가슴을 펴고 당당하게 첫발을 내딛자!
여행을 준비하는 과정에서부터 중국 도착 후
문화를 경험하며 고국에 돌아오기까지
이 책은 당신의 든든한 백이 될 것이다.
그동안 몸짓으로밖에 의사소통할 수 없어서 불편했는가?
이 책이 당신의 든든한 동반자로서
좀더 편하고 즐거운 여행을 보장해 줄 것이다.
중국 문화 감상의 폭을 넓혀 줄 것이다.

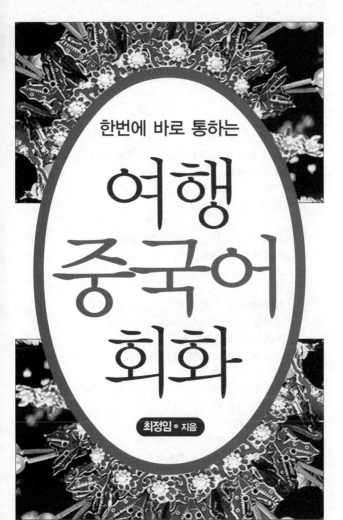

한번에 바로 통하는

여행
중국어
회화

최정임 • 지음

차례

해외여행! 이제는 더이상 낯설지 않은 말인 듯합니다. 그만큼 해외여행을 떠나는 사람이 많아졌다는 뜻이겠지요. 세계 여러 나라 중 역사적, 문화적, 지리적으로 밀접한 관계에 있는 중국은 우리나라 여행자들이 많이 찾는 나라 가운데 하나입니다. 중국 여행을 떠나기로 마음먹은 사람은 여행을 떠나기에 앞서, 보다 알차고 즐거운 여행을 위해 나름대로 중국에 대한 정보를 수집할 것입니다. 이럴 때 꼭 챙기는 것이 중국어 회화집이 아닐까 합니다. 여행을 하면서 의사소통에 전혀 지장을 받지 않는다면 그야말로 금상첨화겠지요. 하지만 단기간의 학습으로 그만한 수준에 도달하기란 결코 쉬운 일이 아닐 것입니다.

이 책은 중국어를 잘 모르는 분을 위해 집필되었습니다. 내용에 충실성을 기하는 한편, 여행하는 분들이 편리하게 펴 볼 수 있도록, 본문을 제1부와 제2부로 나누었습니다. 제1부에서는 중국 여행에서 맞닥뜨리게 될 여러 상황별 회화를 다루었고, 제2부에서는 사용 빈도가 높은 어휘와 표현을 따로 모아 간편하게 활용할 수 있도록 정리했습니다. 이 책이 중국을 여행하는 분들께 조금이나마 도움이 되었으면 하는 바람입니다.

2006년 3월

여행 준비 점검표

준비사항

항 목	확인
신분증	
여권(가족여권인 경우 동반자 기재사항 확인)	
항공권(기재사항 확인)	
비자(체류기간 확인)	
필요 현금(사전 환전)	
신용카드(외국사용가능여부 및 한도액 확인)	
사진(여권 분실 대비용)	
여행자 보험	
국제 운전면허증(필요 시)	
호텔 예약증 또는 관련 정보	
항공사 현지 전화번호	
현지 방문자 전화번호(방문 예정 시 약도 준비)	

준비물품

항 목	확인
세면도구(치약, 칫솔, 면도기, 손톱깎이, 생리용품)	
화장품(기초화장품, 파운데이션, 색채화장품, 파우더, 선탠오일)	
안경(선글라스, 콘택트렌즈, 식염수, 렌즈클리너, 예비 안경(분실, 파손 대비)	
재봉용품(실, 바늘, 시침핀, 소형가위, 단추)	
수첩(여권번호, 항공권번호, 여행자수표번호, 신용카드번호 등 기재)	
참고도서(회화집, 관광 안내 책자)	
비상약품(소화제, 감기약, 진통제, 멀미약, 자신의 지병약, 일회용밴드)	
필기도구(펜 2개 정도)	
의류(계절과 여행 목적에 맞는 옷)	
여분 신발(필요 시)	
카메라, 필름(여분준비)	
우산(특히 장마철 대비)	

여권과 비자

중국에 입국하려면 유효한 여권과 비자를 소지하여야 한다.
여권에 대한 자세한 내용은 외교통상부 해외안전여행 홈페이지에서
볼 수 있다.(http://www.0404.go.kr)

○ 여권 신청 구비 서류
- 여권용 사진 2 매
- 여권 발급 신청서 1 부
- 주민등록등본 1 부(최근 3 개월 것)
- 병역관계 서류(병역 의무 해당자)
- 주민등록증 혹은 운전면허증

비자에 대한 자세한 내용은 주한중국대사관 홈페이지에서 볼 수
있다.(http://www.chinaemb.or.kr/)

○ 비자 신청 구비 서류
- 유효기간이 6 개월 이상 남아 있는 여권
- 비자신청서 1 부
- 비자 신청서에 부착할 여권사진 1 장
- 주민등록증 혹은 운전면허증 복사본 1 부

○ 입국심사 및 절차

입국카드와 검역 신고서, 세관 신고서는 스튜어디스가 비행기에서
나눠주므로 도착하기 전에 미리 작성해 둔다. 앞 · 뒷면이 영문과 중
문으로 되어 있는데 중국어를 모를 경우는 영문으로 된 면을 작성하
면 된다.

도착해서 제일 먼저 향하는 곳은 검역카운터인데 건강 신고서만 제
출하고 바로 외국인이라고 표시되어 있는 입국심사대로 가면 된다.
입출국카드와 비자가 든 여권을 제시하면 비자 체크 후, 출국 카드
를 여권에 끼워넣어 돌려준다.

입국심사를 마치면 컨베이어로 가서 짐을 찾고 마지막으로 세관으
로 간다. 세관 통과 시 술 1병, 담배 10갑, 향수 2온스는 신고 없이
반입이 가능하다.

중국의 성과 주요 도시

우루무치

■신장 자치구

간쑤성

칭하이성

■시짱 자치구

라사

쓰촨성

쿤밍

윈난성

중국은 23개의 성, ■5개의 자치구(신장 자치구, 시짱 자치구, 네이멍구 자치구, 닝샤 후이족 자치구, 광시쫭족 자치구), ★4개의 직할시(베이징, 톈진, 충칭, 상하이), ●2개의 특별행정구(홍콩, 마카오)가 있다.

헤이룽장성

하얼빈

지린성

선양

■네이멍구 자치구   허베이성   랴오닝성
                ★베이징
                ★톈진   다롄
            스좌장
■닝샤후이족 자치구   지난   칭다오
산시성   산시성
[陝西省] [山西省]   산둥성
시안   허난성   장쑤성
            난징 ★상하이
청두   후베이성   안후이성
충칭   우한   항저우
        장시성   저장성
구이저우   후난성
성   푸젠성
■광시좡족   타이베이
자치구   광둥성   타이완성
    광저우
        ●홍콩
        ●마카오
하이난성

중국 화폐

중국 돈 1위안[元]은 한국 돈 약 130원 정도에 해당한다. (2005년 12월 환율 기준)

우리 돈 1원 정도의 가치에 해당하는 1펀[分]부터 우리 돈 13,000원 정도에 해당하는 100위안까지 여러 종류의 화폐가 있는데 펀은 거의 사용하지 않는다. 1지아오[角]~5지아오는 주로 거스름돈으로 사용하고, 1위안부터는 가장 저렴한 시내버스를 탈 수 있다.

택시 기본 요금이 대략 10위안 정도이고, 20위안이면 맥도날드에서 햄버거 세트를 먹을 수 있다.

중국 식당에서 식사를 한다면 5위안으로 한 끼를 맛있게 해결할 수도 있다.

대부분이 지폐이고 돈 종류가 우리보다 많아서 처음에 헷갈리기 쉬우므로 돈 가치를 따져보며 확인하고 사용해야 한다.

중국 화폐 단위는 위안, 지아오, 펀을 사용하는데 10펀이 1지아오이고 10지아오가 1위안이다. 또, 위안을 콰이[块], 지아오를 마오[毛]라고도 한다.

1지아오 = 1마오
한국 돈 13원 정도에 해당함

5지아오 = 5마오
한국 돈 65원 정도에 해당함

1위안 = 1콰이
한국 돈 130원 정도에 해당함

5위엔 = 5콰이
한국 돈 650원 정도에 해당함

10위안 = 10콰이
한국 돈 1,300원 정도에 해당함

20위안 = 20콰이
한국 돈 2,600원 정도에 해당함

50위안 = 50콰이
한국 돈 6,500원 정도에 해당함

100위안 = 100콰이
한국 돈 13,000원 정도에 해당함

중국은 면적이 넓어서 각 지역마다 기후가 다양하게 나타난다. 겨울에는 대부분의 지역이 한랭 건조하고 여름에는 고온 다습한 편인데 남쪽과 북쪽 지방의 기온교차가 심한 것이 특징이다.

남쪽 지방은 겨울에도 기온이 영하로 내려가지 않고 우리나라의 가을 날씨처럼 선선하게 느껴지는 정도인 데 반해, 북쪽 지방은 영하 30도까지 내려가는 강추위를 보이기도 한다. 남쪽은 여름이 길고 겨울이 짧거나 없으나, 북쪽은 여름이 짧고 겨울이 길다. 북부와 남부의 연평균 기온이 30 도 이상 차이 나는 곳도 있다.

또, 3월~5월은 황사가 자주 발생하여 여행하기 불편한 곳이 많다. 중국의 수도 베이징을 중심으로 중부 지방은 9월~11월 사이가 여행하기 가장 쾌적하고, 남부 지방은 봄, 가을, 겨울에 여행하는 것이 좋다. 북부 지방은 추위를 심하게 탄다면 겨울에는 여행을 피하는 것이 좋다. 또 지역에 따라 다르지만 6월~7월 사이에는 대체로 비가 많이 내린다.

미·니·강·좌

- 중국어의 발음 -

중국어는 한글이나 영어와는 달리 표의문자라 글자만 보고는 발음할 수 없다. 그래서 알파벳으로 발음을 표기하는데 이것을 한어병음이라 한다. 한어병음은 다음과 같이 표기하며 성모, 운모, 성조로 이루어져 있다.

> 예 **hǎo** (好)   앞에 있는 h를 성모라 하고,
> ao를 운모라 하며, ˇ 이런 기호를 성조라 한다.

01 성모

우리말의 자음에 해당하며 음절 첫 부분을 말한다. 중국어에는 모두 21개의 성모가 있으며, 발음 위치와 발음 형태에 따라 크게 7개의 부류로 나뉜다.

b	p	m	f	d	t	n	l
g	k	h	j	q	x		
zh	ch	sh	r	z	c	s	

쌍순음
b	p	m

두 입술을 붙였다 떼며 순서대로 우리말의 [ㅂ], [ㅍ], [ㅁ]처럼 발음한다.

순치음
f

아랫입술에 윗니를 살짝 붙였다가 떼며 영어의 f처럼 발음한다.

설첨음

d　t　n　l

혀를 윗니 뒤쪽에 붙였다 떼며 순서대로 우리말의 [ㄷ, ㄸ], [ㅌ], [ㄴ], [ㄹ]처럼 발음한다.

설근음

g　k　h

목구멍 안쪽에서 소리를 끌어올리며 순서대로 우리말의 [ㄱ, ㄲ], [ㅋ], [ㅎ]처럼 발음한다.

설면음

j　q　x

입을 옆으로 벌려서 순서대로 우리말의 [ㅈ, ㅉ], [ㅊ], [ㅅ, ㅆ]처럼 발음한다.

권설음

zh　ch　sh　r

혀끝을 둥글게 말아서 순서대로 우리말의 [ㅈ], [ㅊ], [ㅅ], [ㄹ]처럼 발음한다.

설치음

z　c　s

혀끝을 아랫니 뒤쪽에 대고 순서대로 우리말의 [ㅈ], [ㅊ], [ㅅ]처럼 발음한다.

02 운모

중국어의 운모는 우리말의 모음에 해당하며 38개가 있다. 하나의 운모로 이루어진 단운모, 두 개 이상의 운모로 이루어진 복운모, 비음이 들어간 비음운모, 혀를 둥글게 말아 발음하는 권설운모, i, u, ü 뒤에 다른 운모가 결합된 결합운모가 있다.

단운모

a o e i u ü

순서대로 우리말의 [아] [오] [어] [이] [우] [위]처럼 발음한다.

복운모

ai ei ao ou

순서대로 우리말의 [아이] [에이] [아오] [오우]처럼 발음한다.

비음운모

an en ang eng ong

순서대로 우리말의 [안] [언] [앙] [엉] [옹]처럼 발음한다.

권설운모

er

우리말의 [얼]처럼 발음한다.

결합운모

i 결합운모

ia ie iao iou(iu) ian in iang ing iong

성모와 결합했을 때, 순서대로 우리말의 [이아] [이에] [이아오] [이우]

[이엔] [인] [이앙] [잉] [이옹]처럼 발음한다.

u 결합운모

ua   uo   uai   uei(ui)   uan   uen(un)   uang   ueng

성모와 결합했을 때, 순서대로 우리말의 [우아] [우오] [우아이] [우이] [우안] [운] [우앙] [우웡]처럼 발음한다.

ü 결합운모

üe   üan   ün

성모와 결합했을 때, 순서대로 우리말의 [위에] [위엔] [윈]처럼 발음한다.

03 성조

중국어에는 우리말에는 없는 성조가 있다. 성조는 음의 높낮이를 표시하는 것으로 제1성, 제2성, 제3성, 제4성, 경성으로 나뉜다. 다음은 성조의 음을 그림으로 나타낸 것이다.

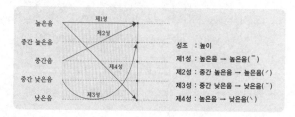

성조 : 높이
제1성 : 높은음 → 높은음(̄)
제2성 : 중간 높은음 → 높은음(ˊ)
제3성 : 중간 낮은음 → 낮은음(ˇ)
제4성 : 높은음 → 낮은음(ˋ)

제1성 높고 평탄한 음으로 높은음을 길게 끌면서 낸다.

제2성 상승하는 음으로 중간음에서 높은음으로 끌어올리며 발음한다.

제3성	하강 상승 음으로 약간 낮은음에서 시작하여 제일 낮은음까지 내려갔다가 다시 약간 올리는 음이다. 가장 낮은 음에서 그냥 끝내기도 한다.
제4성	가장 높은음에서 시작하여 가장 낮은음까지 재빨리 끌어내리는 음이다.
경성	단어나 문장에서 발음하기 편하도록 원래의 성조를 무시하고 짧고 가볍게 읽는 성조를 말한다. 다른 성조의 영향을 받아 변하게 되며 어떤 성조가 결합되느냐에 따라 높낮이가 변한다. 경성은 성조 표시를 하지 않는다.

04 병음 쓰기 규칙

성모 없이 모음으로만 음절이 시작될 때는 그 표기법이 달라진다.

1. i로 시작되는 음절은 i를 y로 바꾸어 표기한다.

    예 i → yi[이], ia → ya[야], iong → yong[용]

2. u로 시작하는 음절은 u를 w로 바꾸어 표기한다.

    예 ua → wa[와], uo → wo[워], uen → wen[원]

3. ü로 시작하는 음절은 ü를 yu로 바꾸어 표기한다.

    예 üe → yue[위에], üan → yuan[위엔], ün → yun[윈]

4. ü는 j, q, x, y 뒤에서는 위의 두 점을 떼어 내고 u로 쓴다.

  예 jü → ju[쥐], qüe → que[취에],

  xüan → xuan[쉬엔]

05 성조 변화 (변조)

여러 음절을 연이어서 발음할 때, 다른 성조의 영향을 받아 본래의 성조가 변하기도 하는데 이것을 변조라고 한다.

3성+3성일 때, 2성+3성으로 읽는다.

  你好
  예 nǐ hǎo → ní hǎo [니 하오]

不의 성조 변화

1, 2, 3성 앞에서는 4성으로, 4성 앞에서는 2성으로 읽는다.

不喝	不来	不好	不去
예 bù hē	bù lái	bù hǎo	bú qù
[뿌 허]	[뿌 라이]	[뿌 하오]	[부 취]

一의 성조 변화

1, 2, 3성 앞에서는 4성으로, 4성 앞에서는 2성으로 읽는다.

一生	一回	一起	一样
예 yì shēng	yì huí	yì qǐ	yí yàng
[이 성]	[이 후이]	[이 치]	[이 양]

서수나 단독으로 읽을 때는 1성으로 읽는다.

第一
⑩ dì yī [띠 이]

06 발음에서의 주의점

1. a는 i와 n 사이 또는 u와 n 사이에서는 [에]로 읽는다.
   ⑩ qian [치엔], quan [취엔]

2. e는 단독으로 쓰이거나 성모의 뒤 혹은 n, -ng 앞에서는 [어]로 읽히지만 i, u의 뒤나 i의 앞에서는 [에]로 읽힌다.
   ⑩ e [어], ke [커], meng [멍], tie [티에]

3. o는 모음 u앞(뒤)에서는 [어]로 읽힌다.
   ⑩ zou [저우], cuo [추어], guo [구어]

4. u는 j, q, x, y 뒤에서는 [위]로 읽힌다.
   ⑩ ju [쥐], qu [취], xu [쉬], yu [위]

문·답·식·회·화

입국 심사

⭐ 여행 목적은 무엇입니까?

🇰🇷 관광입니다.

⭐ 며칠 동안 머무시죠?

🇰🇷 1주일 정도입니다.

⭐ 어디에 머무르실 겁니까?

🇰🇷 왕푸징호텔입니다.

⭐ 네, 즐거운 여행 하십시오.

旅行的目的是什么?
Lǚ xíng de mùdì shì shénme
뤼씽더 무띠 스 션머

是旅游。
Shì lǚyóu
스 뤼여우

您要逗留几天?
Nín yào dòuliú jǐ tiān
닌 야오 떠우리우 지티엔

一个星期左右。
Yí ge xīngqī zuǒyòu
이거 씽치 주어여우

你要住在哪儿?
Nǐ yào zhù zài nǎr
니 야오 쭈 짜이 날

住王府井饭店。
Zhù Wángfǔjǐng fàndiàn
쭈 왕푸징 판디엔

好, 祝你旅途愉快。
Hǎo zhù nǐ lǚtú yúkuài
하오 쭈 니 뤼투 위콰이

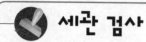

세관 검사

🌐 신고할 물건이 있습니까?

🇰🇷 없습니다.

🌐 이건 뭐죠?

🇰🇷 제 소지품입니다.

🇰🇷 선물입니다.

有没有要申报的东西?
Yǒu méiyǒu yào shēnbào de dōngxi
여우메이여우 야오 션빠오더 똥시

没有。
Méiyǒu
메이여우

这是什么?
Zhè shì shénme
쩌 스 션머

这是私人用品。
Zhè shì sīrén yòngpǐn
쩌 스 쓰런 용핀

这是礼物。
Zhè shì lǐwù
쩌 스 리우

안내소에서

🇰🇷 리무진 버스는 어디에서 탑니까?

⭐ 어디까지 가시는데요?

🇰🇷 왕푸징까지 갑니다.

⭐ 나가서 오른쪽입니다.

🇰🇷 표는 어디에서 삽니까?

⭐ 표 파는 곳은 왼쪽에 있습니다.

在哪儿坐豪华大巴(机场班车)?
Zài nǎr zuò háohuá dàbā (jīchǎng bānchē)
짜이 날 쭈어 하오화따빠 (지창빤처)

你到哪儿?
Nǐ dào nǎr
니 따오 날

去王府井。
Qù Wángfǔjǐng
취 왕푸징

出去在右边。
Chūqù zài yòubian
추취 짜이 여우비엔

在哪儿买票?
Zài nǎr mǎi piào
짜이 날 마이 피아오

售票处在左边。
Shòupiàochù zài zuǒbian
셔우피아오추 짜이 주어비엔

지하철

🇰🇷 말씀 좀 여쭐게요.

🇰🇷 표 파는 곳이 어디지요?

⭐ 곧장 가십시오.

🇰🇷 시단까지 얼마입니까?

⭐ 50콰이입니다.

🇰🇷 어디서 탑니까?

⭐ 3번 승강장에서 탑니다.

🇰🇷 감사합니다.

请问。
Qǐngwèn
칭 원

售票处在哪儿?
Shòupiàochù zài nǎr
셔우피아오추 짜이 날

一直往前走。
Yìzhí wǎng qián zǒu
이즈 왕치엔 저우

去西单要多少钱?
Qù Xīdān yào duōshao qián
취 시딴 야오 뚜어샤오치엔

50块。
Wǔ shí kuài
우스 콰이

在哪儿上车?
Zài nǎr shàng chē
짜이 날 상쳐

在3号站台上车。
Zài sān hào zhàntái shàng chē
짜이 싼하오쨘타이 상쳐

谢谢。
Xièxie
씨에셰

버스

🇰🇷 베이징 역에 섭니까?

⭐ 섭니다.

⭐ 맞은편에서 타세요.

🇰🇷 베이징 역은 여기서 멉니까?

⭐ 아니요, 5분 정도 걸립니다.

🇰🇷 죄송하지만, 베이징 역에서 내려 주세요.

⭐ 이 다음입니다, 손님.

在北京站停车吗?
Zài Běijīng zhàn tíng chē ma
짜이 베이징쨘 팅쳐 마

停车。
Tíng chē
팅쳐

在对面上车。
Zài duìmiàn shàng chē
짜이 뚜이미엔 상쳐

北京站离这儿远吗?
Běijīng zhàn lí zhèr yuǎn ma
베이징쨘 리쩔 위엔 마

不, 大概五分钟就到。
Bù dàgài wǔ fēnzhōng jiù dào
뿌 따까이 우펀종 지우따오

对不起, 我要在北京站下车。
Duìbuqǐ wǒ yào zài Běijīng zhàn xià chē
뚜이부치 워 야오 짜이 베이징쨘 씨아쳐

先生, 是下一站。
Xiānsheng shì xià yí zhàn
시엔성 스 씨아 이 쨘

택시

이허위안에 가려고 합니다.

여기서 내리실래요?

좌회전해 주세요. | 우회전해 주세요.

두 번째 모퉁이에서 세워 주세요.

조금더 가 주세요.

여기 됐습니다.

거스름돈입니다.

네, 고맙습니다.

我要去颐和园。
Wǒ yào qù Yíhéyuán
워 야오 취 이허위엔

你要在这儿下车吗?
Nǐ yào zài zhèr xià chē ma
니 야오 짜이쩔 씨아쳐 마

请往左拐。 | 请往右拐。
Qǐng wǎng zuǒ guǎi | Qǐng wǎng yòu guǎi
칭 왕 주어과이 | 칭 왕 여우과이

在第二个拐角停车。
Zài dì èr ge guǎijiǎo tíngchē
짜이 띠얼거 과이지아오 팅쳐

多走点儿。
Duō zǒu diǎnr
뚜어 저우 디얼

到这儿就行了。
Dào zhèr jiù xíng le
따오쩔 지우 씽 러

我给你找钱。
Wǒ gěi nǐ zhǎo qián
워 게이 니 쟈오치엔

好，谢谢。
Hǎo xièxie
하오 씨에셰

철도

표 사기

🇰🇷 톈진에 가려고 하는데요.

🇰🇷 내일 표 있습니까?

⭐ 오전 표입니까?

🇰🇷 아니요, 오후 4시 표입니다.

⭐ 네, 있습니다.

⭐ 몇 장 드릴까요?

🇰🇷 어른 3장, 어린이 2장 주세요.

⭐ 조금만 기다려 주세요.

我要去天津。
Wǒ yào qù Tiānjīn
워 야오취 티엔진

有明天的票吗?
Yǒu míngtiān de piào ma
여우 밍티엔 더 피아오 마

是上午的票吗?
Shì shàngwǔ de piào ma
스 샹우더　 피아오 마

不是, 下午四点的。
Bú shì　 xiàwǔ sì diǎn de
부스　 씨아우 쓰디엔더

有。
yǒu
여우

要几张?
Yào jǐ zhāng
야오 지짱

大人票三张, 儿童票两张。
Dàrénpiào sān zhāng　 értóngpiào liǎng zhāng
따런 피아오 싼짱　 얼통 피아오 량짱

请稍等。
Qǐng shāo děng
칭 샤오 덩

철도

🇰🇷 얼마입니까?

⭐ 650콰이입니다.

승차

🇰🇷 톈진행은 여기서 탑니까?

⭐ 네, 여기입니다.

⭐ 지금 들어오고 있네요.

🇰🇷 이 자리 비어 있습니까?

⭐ 네, 비어 있습니다.

多少钱?
Duōshao qián
뚜어샤오치엔

650 块。
Liù bǎi wǔ shí kuài
리우바이 우스 콰이

开往天津的在哪儿上车?
Kāiwǎng Tiānjīn de zài nǎr shàng chē
카이왕 티엔진더 짜이날 상쳐

是这边。
Shì zhèbian
스 쩌비엔

现在火车开进来。
Xiànzài huǒchē kāi jìnlai
시엔짜이 훠쳐 카이찐라이

这儿有位子吗?
Zhèr yǒu wèizi ma
쩔 여우 웨이즈 마

有, 是空位子。
Yǒu, shì kòng wèizi
여우, 스 콩웨이즈

택시

큰 도시에는 택시가 많고 요금도 비싸지 않아서 쉽게 이용할수 있다. 대부분 미터기로 계산하지만 장거리일 경우에는 미리요금을 정해서 가기도 한다. 택시는 차종과 지역에 따라 요금이

다른데 보통 기본요금이 8위안~10위안이다. 소형차는 1km마다 1.2위안, 중형차는 1.6위안, 대형차는 2위안 정도씩이 가산된다.

전철(지하철)

지하철은 편수가 많고 빠른 데다 요금도 저렴해서 편리하게이용할 수 있지만 베이징이나상하이 같은 큰 도시에만 있다.베이징에는 1, 2, 3, 5호선이 있고 4호선과 10호선은 공사 중이며 2008년 개통 예정이다. 상하이에는 1, 2, 3호선이 있다.

시내버스

중국에서 가장 편리하게 이용
할 수 있는 교통수단은 아마도
버스일 것이다.

버스 요금은 도시나 거리에 따라
다르지만 일반적으로 1위안~
3위안 정도면 이용할 수 있다.

종류로는 버스 두 대를 연결시킨 주름버스, 이층버스, 전선줄로
운행되는 트롤리버스, 우리의 봉고처럼 작고 약간 비싸지만 비교
적 편리하게 이용할 수 있는 미니버스가 있다.

자전거

시민의 발이 되는 자전거는 중
국 어디서나 흔히 볼 수 있다.

넓은 관광지에서는 자전거를 대
여해 주기도 하고 햇빛 가리개
를 씌워 놓고 뒤에 편히 앉아서
갈 수 있게 돈을 받고 태워 주기
도 한다.

중국의 대중교통

장거리버스

비싸지 않은 가격으로 중국 어디든지 갈 수 있어 비교적 간편하게 이용할 수 있는 교통수단이다. 대도시마다 버스터미널이 있고 노선과 편수가 많아서 자리가 없어 표를 구하지 못하는 일은 별로 없다. 좌석버스와 침대버스로 나누어지며, 짧은 경우 한두 시간 가는 것도 있지만 이틀씩 쉬지 않고 이동하는 것도 있다. 버스가 출발하면 휴식은 기본적으로 식사시간 때만 한다. 화장실을 갖추고 있는 버스도 있지만 없는 버스도 있으므로 자칫하면 화장실 이용에 불편을 겪을 수도 있다.

기차

넓고 큰 중국 대륙을 실감하고자 한다면 기차여행을 해 보는 것이 좋다. 이삼일을 계속 달리는 기차 안에 있으면 대륙의 광활함을 온몸으로 느낄 수 있을 것이다.

기차는 속도에 따라 터콰이(특별쾌속열차), 즈콰이(쾌속열차), 콰이커(보통여객 쾌속열차)로 나눌 수 있는데 터콰이는 장거리 열차로 제일 빠르고 좋으며, 즈콰이는 같은 장거리 열차지만 터콰이에 비해 정차역이 많다. 콰이커는 중·근거리 열차로 낮에 주로 운행한다.

기차는 또 좌석에 따라 분류할 수 있는데 잉쮀(딱딱한 의자), 루안쮀(폭신한 의자), 잉워(딱딱한 침대), 루안워(폭신한 침대)로 나누어진다. 침대칸이 좌석칸에 비해 비싸며 폭신한 침대칸이 가장 비싸다. 루안워는 장거리 여행을 하기에 가장 편하고 4인 1실로 밀폐되어 있어 조용하다.

호텔 예약

🇰🇷 프런트 부탁합니다.

🇰🇷 방을 예약하고 싶은데요.

🇨🇳 언제부터 묵으십니까?

🇰🇷 모레부터 3박입니다.

🇨🇳 어떤 방을 원하십니까?

🇰🇷 트윈룸입니다.

🇨🇳 네, 있습니다.

🇰🇷 1박에 얼마입니까?

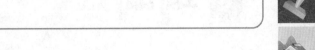

请转服务台。
Qǐng zhuǎn fúwùtái
칭 주안 푸우타이

我想预订一个房间。
Wǒ xiǎng yùdìng yí ge fángjiān
워 시앙 위띵 이거 팡지엔

您要什么时候住宿?
Nín yào shénme shíhou zhùsù
닌 야오 션머스허우 쭈쑤

从后天起住三天。
Cóng hòutiān qǐ zhù sān tiān
총 허우티엔치 쭈 싼티엔

您要什么样的房间?
Nín yào shénmeyàng de fángjiān
닌 야오 션머양더 팡지엔

我要双人间。
Wǒ yào shuāngrénjiān
워 야오 슈앙런지엔

有。
Yǒu
여우

一天的房费多少钱?
Yì tiān de fángfèi duōshao qián
이티엔더 팡페이 뚜어샤오치엔

호텔 예약

🇰🇷 그건 아침 식사를 포함한 요금입니까?

⭐ 아니요, 아침 식사는 별도입니다.

🇰🇷 좋습니다, 내일부터 3박 하겠습니다.

⭐ 알았습니다.

⭐ 성함은 어떻게 되십니까?

🇰🇷 김대한이라고 합니다.

⭐ 감사합니다.

⭐ 다 되었습니다. 기다리고 있겠습니다.

那是包括早饭的房费吗?
Nà shì bāokuò zǎofàn de fángfèi ma
나스 빠오쿠어 자오판더 팡페이 마

不是， 不包括早饭。
Bú shì bù bāokuò zǎofàn
부스 뿌 빠오쿠어 자오판

好， 我要从明天起住三天。
Hǎo wǒ yào cóng míngtiān qǐ zhù sān tiān
하오 워 야오 총 밍티엔치 쭈 싼티엔

我知道了。
Wǒ zhīdao le
워 쯔다오 러

您贵姓?
Nín guì xìng
닌 꾸이씽

我姓金， 叫金大韩。
Wǒ xìng Jīn jiào Jīn Dàhán
워 씽 진 지아오 진따한

谢谢。
Xièxie
씨에셰

好， 再见。 我们等着您。
Hǎo zàijiàn Wǒmen děngzhe nín
하오 짜이찌엔 워먼 덩져 닌

체크인

🌟 어서 오십시오.

🇰🇷 김대한인데요.

🇰🇷 예약돼 있을 겁니다.

🌟 김대한 님이시지요?

🇰🇷 네.

🌟 오늘부터 3일 동안 묵으실 거죠?

🇰🇷 네, 그렇습니다.

🌟 여기 성함과 주소를 적어 주십시오.

欢迎光临。
Huānyíng guānglín
환잉꽝린

我是金大韩。
Wǒ shì Jīn Dàhán
워 스 진따한

我预订一个房间了。
Wǒ yùdìng yí ge fángjiān le
워 위띵 이거 팡지엔 러

您是金大韩先生吧。
Nín shì Jīn Dàhán xiānsheng ba
닌 스 진따한 시엔성 바

是。
Shì
스

从今天起住三天吧。
Cóng jīntiān qǐ zhù sān tiān ba
총 진티엔치 쭈 싼티엔 바

对。
Duì
뚜이

请您在这儿写一下您的姓名和地址。
Qǐng nín zài zhèr xiě yíxià nín de xìngmíng hé dìzhǐ
칭닌 짜이쩔 시에 이시아 닌더 씽밍 허 띠즈

체크인

⭐ 번거로우시겠지만 여권번호도 적어 주십시오.

- -

🇰🇷 이렇게 적으면 됩니까?

- -

⭐ 네, 됐습니다.

- -

⭐ 1335호실입니다.

- -

⭐ 이건 방 열쇠입니다.

- -

⭐ 그럼, 안내해 드리겠습니다.

- -

⭐ 이 방입니다.

- -

⭐ 짐은 어디에 둘까요?

- -

麻烦您，也写一下护照号码。
Máfan nín, yě xiě yíxià hùzhào hàomǎ
마판닌 예 시에이시아 후쨔오 하오마

这样写可以吗?
Zhèyàng xiě kěyǐ ma
쩌양 시에 커이 마

可以。
Kěyǐ
커이

您的房间是 1335 号。
Nín de fángjiān shì yāo sān sān wǔ hào
닌 더 팡지엔 스 야오 싼 싼 우 하오

这是房间的钥匙。
Zhè shì fángjiān de yàoshi
쩌스 팡지엔 더 야오스

那, 请跟我来。
Nà qǐng gēn wǒ lái
나 칭 건 워 라이

是这个房间。
Shì zhè ge fángjiān
스 쩌거 팡지엔

这些行李放在哪儿呢?
Zhè xiē xíngli fàng zài nǎr ne
쩌시에 씽리 팡 짜이 날 너

체크인

아, 테이블 위에 놓아 주십시오.

용건이 있으면 불러 주십시오.

그럼 편히 쉬십시오.

고맙습니다.

放在桌子上吧。
Fàng zài zhuōzi shang ba
팡 짜이 쭈어즈상 바

有什么事，请随时叫我。
Yǒu shénme shì　qǐng suíshí jiào wǒ
여우 션머스 칭 수이스 지아오 워

您好好儿休息吧。
Nín hǎohāor xiūxi ba
닌 하오하얼 씨우시 바

谢谢。
Xièxie
씨에셰

체크아웃

⭐ 안녕하세요!

🇰🇷 체크아웃 부탁드립니다.

⭐ 네, 알았습니다.

🇰🇷 여행자수표로 지불해도 될까요?

⭐ 네, 그러십시오.

🇰🇷 덕분에 즐거운 여행이 됐습니다.

⭐ 감사합니다.

⭐ 또 오십시오.

您好!
Nín hǎo
닌 하오

我要退房。
Wǒ yào tuì fáng
워 야오 투이팡

是，我知道了。
Shì wǒ zhīdao le
스 워 쯔다오 러

我付旅行支票，可以吗?
Wǒ fù lǚxíng zhīpiào kěyǐ ma
워 푸 뤼씽즈피아오 커이 마

可以。
Kěyǐ
커이

托你的福，旅行很愉快。
Tuō nǐ de fú lǚxíng hěn yúkuài
투어 니 더 푸 뤼씽 헌 위콰이

谢谢。
Xièxie
씨에셰

请您再度光临。
Qǐng nín zàidù guānglín
칭 닌 짜이뚜 꽝린

부탁하기

아침 6시에 깨워 주세요.

식당은 몇 시부터 시작합니까?

드라이어 가져다 주세요.

달러를 바꾸고 싶은데요.

310호실 열쇠 주세요.

이것 좀 맡아 주시겠어요?

이 편지 좀 부쳐 주시겠어요?

전망 좋은 방을 주세요.

早上 6 点，请打电话叫醒我。
Zǎoshang liù diǎn, qǐng dǎ diànhuà jiàoxǐng wǒ
자오샹 리우디엔 칭 다 띠엔화 지아오씽 워

餐厅什么时候开门?
Cāntīng shénme shíhou kāi mén
찬팅 선머스허우 카이먼

请给我吹风机。
Qǐng gěi wǒ chuīfēngjī
칭 게이 워 추이펑지

我要兑换美元。
Wǒ yào duìhuàn měiyuán
워 야오 뚜이환 메이위엔

给我 310 房间的钥匙。
Gěi wǒ sān yāo líng fángjiān de yàoshi
게이 워 싼 야오 링 팡지엔더 야오스

我要寄存这个。
Wǒ yào jìcún zhè ge
워 야오 지춘 쩌거

请帮我寄信。
Qǐng bāng wǒ jì xìn
칭 빵 워 찌씬

请给我前景美好的房间。
Qǐng gěi wǒ qiánjǐng měihǎo de fángjiān
칭 게이 워 치엔징 메이하오더 팡지엔

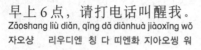

중국의 숙박시설은 보통 4~5성급 호텔에 해당하는 판디엔[饭店], 지우디엔[酒店], 2~3성급 호텔에 해당하는 삔관[宾馆], 따샤[大厦], 기타 여관이나 여인숙 수준의 뤼셔[旅社], 뤼관[旅馆], 자오다이쑤오어[招待所] 등이 있다. 중국에서는 외국인이 숙박할 수 있는 곳이 제한되어 있는데 뤼셔, 뤼관, 자오다이쑤오어는 대부분 외국인이 숙박할 수 없다.

호텔 예약

여러 나라에 체인을 두고 있는 호텔이나 고급호텔은 한국에서도 예약이 가능하다. 여행사를 통하거나 전화, 팩스 등으로 예약하면 되는데 한국에 체인이 있는 호텔은 한국 호텔에서 예약할 수 있다.

4~5성급에 해당하는 지우디엔이다. 지우디엔은 한자를 보고 주점(술집)으로 생각하기 쉬우나, 중국에서 제일 좋은 호텔이나 아주 큰 식당을 말한다.

호텔 체크인은 낮 12시부터 하는 게 원칙이다. 예약을 하지 않은 경우에는 숙박요금을 미리 확인하는 것이 좋다. 체크인할 때는 푸우타이[服務台 프런트]에서 숙박카드에 필요한 사항(여권번호, 비자번호, 성명 등)을 기입한 뒤 여권을 함께 제시하면 된다. 한국에서 숙박요금을 미리 지불하지 않은 경우 숙박요금 정도에 해당하는 야지[押金 보증금]을 지불해야 하기도 한다.

체크아웃 역시 낮 12시까지 해야 되며, 숙박비 외에 전화사용료, 냉장고, 미니바, 룸서비스 요금 등도 함께 정산한다.

숙박요금은 호텔의 등급에 따라 차이가 많이 나며, 비수기, 성수기에 따라 할인 요금도 차이가 난다. 또 방마다 요금을 설정해 놓는 경우가 많아서 싱글룸과 트윈룸의 요금 차이가 많이 안 나는 것이 특징이다. 별도 침대 비용을 지불하면 여럿이 방 하나에 묵을 수도 있어서 훨씬 저렴한 가격으로 이용할 수 있다.

○ 요금

지방도시 호텔이나 대도시 중급호텔은 대략 500위안~700위안,
대도시의 4성급 호텔은 대략 1,000위안~1,300위안, 5성급 호텔은
1,600위안~2,500위안 정도의 요금이 적용된다.

도미토리는 통상적으로 20위안~60위안 정도의 가격이면 묵을 수
있는데, 샤워시설과 화장실을 공동으로 사용해야 한다는 불편이
있다. 계산은 미국 달러나 인민폐 등으로 가능하고 중급 이상의
호텔에서는 신용카드로도 계산할 수 있다.

○ 뚜어런팡[多人房 도미토리]

비교적 큰 방 하나에 여러 개의 침대가 놓여 있다. 여럿이 함께 묵
는 방으로 샤워시설과 화장실을 공동으로 사용해야 한다. 가격은
호텔에 비해 훨씬 저렴하지만 모르는 사람과 함께 묵어야 하므로
귀중품 보관을 확실히 해야 한다. 아주 낮은 등급의 호텔이나 최고
급 호텔을 제외하면 대부분이 도미토리를 갖추고 있으므로 비용을
절감하고자 한다면 잘 찾아서 이용해 보는 것도 좋겠다.

여관, 여사 및 초대소

원칙적으로 외국인 여행자들은 묵을 수 없으며, 시설이 좋지 않고
샤워시설도 없다. 그러나 쉽지 않지만 눈치껏 잘 이용하면 요금이
매우 싸서 여행비용을 상당히 절감할 수 있다는 장점이 있다.

골목에 있는 허름한 뤼셔다. 우리나
라 여인숙보다 조금 못한 수준이며,
공용화장실에 샤워시설 또한 없다.

뤼셔보다는 한 단계 위인 뤼관이
다. 24시간 서비스에 욕실과 에어
컨, 유선TV가 있다는 광고문이다.

중간급의 뤼관 간판이다.
스탠다드 싱글룸 60위안~70위안, 스탠
다드 더블룸 80위안~120위안, 무료 주
차장 완비라고 쓰여 있다.

레스토랑 입구에서

⭐ 어서 오십시오.

⭐ 몇 분이십니까?

🇰🇷 2명입니다.

🇰🇷 나중에 1명이 더 올 겁니다.

⭐ 담배는 피우십니까?

🇰🇷 아니요, 피우지 않습니다.

🇰🇷 네, 피웁니다.

⭐ 안내해 드리겠습니다.

欢迎光临。
Huānyíng guānglín
환잉꽝린

你们几位?
Nǐmen jǐ wèi
니먼 지웨이

两个人。
Liǎng ge rén
량거런

一会儿，还来一个人。
Yíhuìr hái lái yí ge rén
이훨 하이라이 이거런

您抽烟吗?
Nín chōuyān ma
닌 쳐우옌 마

不，我不抽烟。
Bù wǒ bù chōuyān
뿌 워 뿌 쳐우옌

我抽烟。
Wǒ chōuyān
워 쳐우옌

请跟我来。
Qǐng gēn wǒ lái
칭 껀 워 라이

주문하기

⭐ 뭘로 드시겠습니까?

🇰🇷 오늘의 특별 요리는 뭐죠?

⭐ 죽순과 돼지고기 찜입니다.

🇰🇷 난 돼지고기는 못 먹어.

🇰🇷 맛있을 것 같군요.

⭐ 정해지면 불러 주십시오.

🇰🇷 여기요!

⭐ 주문하시겠습니까?

你要点什么?
Nǐ yào diǎn shénme
니 야오 디엔 션머

今天的特菜是什么?
Jīntiān de tècài shì shénme
진티엔더 터차이 스 션머

竹笋和蒸猪肉。
Zhúsǔn hé zhēng zhūròu
주쑨 허 쩡 쮸러우

我不能吃猪肉。
Wǒ bù néng chī zhūròu
워 뿌넝 츠 쮸러우

好像很好吃。
Hǎoxiàng hěn hǎochī
하오씨앙 헌 하오츠

决定后叫我一声。
Juédìng hòu jiào wǒ yì shēng
쥐에띵 허우 찌아오 워 이성

服务员!
Fúwùyuán
푸우위엔

您要点菜吗?
Nín yào diǎncài ma
닌 야오 디엔차이 마

주문하기

🇰🇷 이거 주세요.

🇰🇷 난 이거!

⭐ 음료수는 어떻게 하시겠습니까?

🇰🇷 괜찮습니다.

🇰🇷 콜라 한 병 주세요.

来这个。
Lái zhè ge.
라이 쩌거

我要这个。
Wǒ yào zhè ge
워 야오 쩌거

您要什么饮料?
Nín yào shénme yǐnliào
닌 야오 션머　인리아오

不要了。
Bú yào le
부 야오 러

来一瓶可乐。
Lái yì píng kělè
라이 이핑 커러

지불하기

🇰🇷 계산해 주세요.

⭐ 감사합니다. 300콰이입니다.

🇰🇷 맛있게 먹었습니다.

⭐ 감사합니다.

패스트푸드점에서 1

⭐ 어서 오십시오.

🇰🇷 햄버거하고 콜라 주세요.

⭐ 가지고 가십니까?

请结帐。
Qǐng jiézhàng
칭 지에쟝

---

300 块, 谢谢。
Sānbǎi kuài xièxie
싼바이콰이 씨에셰

很好吃。
Hěn hǎochī
헌 하오츠

谢谢。
xièxie
씨에셰

欢迎光临。
Huānyíng guānglín
환잉꽝린

来一个汉堡包, 一杯可乐。
Lái yí ge hànbǎobāo yì bēi kělè
라이 이거 한바오빠오 이뻬이 커러

您要带走吗?
Nín yào dàizǒu ma
닌 야오 따이저우 마

지불하기

🇰🇷 네, 가지고 가겠습니다.

🇰🇷 아니요, 여기서 먹겠습니다.

⭐ 여기서 드십니까?

🇰🇷 네, 여기서 먹겠습니다.

🇰🇷 아니요, 가지고 가겠습니다.

⭐ 네, 150콰이입니다.

⭐ 잠깐만 기다려 주세요.

是，带走的。
Shì dàizǒu de
스 따이저우 더

不是，在这里吃。
Bú shì zài zhèli chī
부스 짜이 쩌리 츠

在这里吃吗?
Zài zhèli chī ma
짜이 쩌리 츠 마

是，在这里吃。
Shì zài zhèli chī
스 짜이 쩌리 츠

不是，我要带走。
Bú shì wǒ yào dàizǒu
부스 워 야오 따이저우

好，150块。
Hǎo yībǎi wǔshí kuài
하오 이바이 우스 콰이

请稍等。
Qǐng shāo děng
칭 샤오덩

중국 음식은 크게 베이징요리, 난징요리, 쓰촨요리, 광둥요리로
나뉜다.

베이징요리

베이징요리는 북방부 추운 기후의 영향으로 기름을 풍부하게 사
용하여 칼로리가 높은 음식이 많고, 육류 요리와 면, 만두, 빵 등
의 밀가루 요리가 많다.
대표적인 베이징요리로는 베이징 카오야, 슈안양러우 등이 있다.

난징요리(상하이요리)

양쯔강 이남 지방의 요리로 곡물과 해산물 등 재료가 풍부하여 요리
가 다채롭다. 민물고기 요리가 특히 발달했는데 약한 불에 오래 끓
이는 조리법을 즐긴다. 단맛과 짠맛이 잘 어우러져 있으며, 게 요리
와 샤오롱빠오가 유명하다. 쌀을 주재료로 한 요리가 많다.

쓰촨요리

청두[成都], 충칭[重庆] 등의 내륙 도시를 중심으로 발달한 요리
다. 강한 향신료를 많이 사용하여 맛이 자극적이고 매운 것이 특
징이다. 바다가 없는 대신 농산물이 풍부하여 채소류나 곡물, 육
류를 이용한 요리가 많다. 대표적인 요리로는 마포더우푸(마파두
부), 생선철판구이 등이 있다.

광저우[广州]를 중심으로 한 남부지방의 요리를 일컫는다.
"나는 것 중엔 비행기, 네 발 달린 것 중엔 테이블만 빼고 다 먹는
다"는 말이 생길 정도로 요리의 종류와 재료가 다양하기로 유명하
다. 대표적인 요리로는 상어지느러미찜, 광둥식 탕수육 등이 있다.

한국인이 좋아할 만한 중국요리

중국요리에는 샹차이라는 야채가 많이 들어가는데 냄새가 역해
서 먹지 못하는 경우가 많으므로 "부야오 샹차이不要香菜(샹차
이는 넣지 말아 주세요)"라는 말을 익혀 두는 것이 좋다.

|비교적 한국인의 입맛에 맞는 요리|

○ 鱼香肉丝 yúxiāng ròusī 위시앙러우쓰

'러우쓰[肉丝]'는 고기를 얇게 채 썬 것을
말하고, '위시앙[鱼香]'은 새콤달콤한 맛이
나게 하는 요리법의 한 종류이다.
음식 이름에 '위시앙'이 들어 있으면
한국인의 입맛에 맞는 편이다.

○ 宮保鸡丁 gōngbǎo jīdīng 꽁바오지띵

'지띵[鸡丁]'은 닭고기를 깍둑썰기한 것을
말한다. 닭고기와 땅콩, 고추, 오이, 당근
등을 넣어서 볶은 요리로 맵고 짜면서 약간
달콤한 맛이 나는데 많이 먹어도 물리지 않
는 편이다.

○ 辣子鸡丁 làzǐ jīdīng 라즈지띵

'라[辣]'는 맵다는 뜻으로 이 글자가 들어
있는 음식은 대체로 맵다. 깍둑썰기한 닭고
기에 고추와 각종 재료를 넣고 매콤하게 볶
은 요리로 한국인의 입맛에 잘 맞는 편이다.

○ 糖醋里脊 tángcù lǐjǐ 탕추리지

한국에서도 흔히 먹을 수 있는 탕추러우[糖
醋肉 탕수육]와 비슷한 음식이다. 음식 이름
에 '탕추[糖醋]'가 들어가면 새콤달콤한 맛을
내는 조리법을 이용한 것으로 탕수육과 맛이
비슷하다고 보면 된다.

○ 火锅 huóguō 훠궈

샤브샤브와 비슷하다. 사진처럼 냄비 가운
데가 두 개로 나뉘어 있는데 한쪽은 매운 국
물, 한쪽은 맵지 않은 국물이다. 국물에 야
채와 고기 등을 넣고 익혀서 먹는다.

○ 北京烤鸭 běijīng kǎoyā 베이징카오야

중국에 가면 꼭 한번 먹어 봐야 할 유명한
요리이다. 밀가루 전병에 구운 오리고기와
야채, 양념 등을 넣고 싸 먹는다.

○ 京酱肉丝 jīngjiàng ròusī 징지앙러우쓰

고기를 채 썰어서 자장으로 볶은 것이다.
자장은 우리와 맛이 다른데 우리 입맛에도
맞는 편이다.

○ 嘛婆豆腐 mápó dòufu 마포더우푸

한국에서도 유명한 마파두부이다. 돼지고
기 다진 것에 두부를 넣고 볶은 매콤한 두부
요리다.

관광 안내소에서

:kr: 저기요, 수상공원에 가려고 하는데요.

:kr: 어떻게 가죠?

:cn: 전철을 타는 게 가장 빠릅니다.

:kr: 몇 분 정도 걸립니까?

:cn: 40분 정도 걸립니다.

:kr: 이 지도 가져가도 될까요?

:cn: 네, 그러십시오.

:kr: 감사합니다.

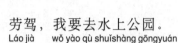

劳驾，我要去水上公园。
Láo jià   wǒ yào qù shuǐshàng gōngyuán
라오지아　워 야오 취 쉐이샹 꽁위엔

怎么走?
Zěnme zǒu
전머　저우

坐地铁去最快。
Zuò dìtiě qù zuì kuài
쭈어 띠티에 취 쭈이콰이

要几分钟。
Yào jǐ fēnzhōng
야오 지펀종

大概要四十分钟。
Dàgài yào sìshí fēnzhōng
따까이 야오　쓰스펀쫑

这张地图可以带走吗?
Zhè zhāng dìtú kěyǐ dàizǒu ma
쩌쨩　　띠투 커이 따이저우 마

可以。
Kěyǐ
커이

谢谢。
Xièxie
씨에셰

관광 안내소에서

🇰🇷 고궁에 가고 싶은데요.

🇰🇷 택시로 가는 게 좋을까요?

⭐ 버스도 괜찮습니다.

🇰🇷 버스로 몇 분 정도 걸립니까?

⭐ 10분 정도 걸릴 겁니다.

⭐ 곧장 가면 금방 버스 정류장이 보입니다.

버스 타기

🇰🇷 고궁에 갑니까?

我想去故宫。
Wǒ xiǎng qù gùgōng
워 시앙 취 꾸꽁

坐出租车去好吗?
Zuò chūzūchē qù hǎo ma
쭈어 츄주처 취 하오 마

坐公共汽车去也好。
Zuò gōnggòng qìchē qù yě hǎo
쭈어 꽁꽁치처 취 예 하오

坐公共汽车要坐几分钟?
Zuò gōnggòng qìchē yào zuò jǐ fēnzhōng
쭈어 꽁꽁치처 야오 쭈어 지펀쫑

大概要坐十分钟。
Dàgài yào zuò shí fēnzhōng
따까이 야오 쭈어 스펀쫑

一直往前走就到车站。
Yìzhí wǎng qián zǒu jiù dào chēzhàn
이즈 왕치엔저우 지우따오 처짠

去故宫吗?
Qù gùgōng ma
취 꾸꽁 마

관광지에서

🇰🇷 어른 2장, 어린이 3장 주세요.

⭐ 네, 85콰이입니다.

🇰🇷 가장 재미있는 공연은 뭐예요?

⭐ 다 재미있어요.

⭐ 저는 저기서 하는 공연을 제일 좋아합니다.

大人两张，儿童三张。
Dàrén liǎng zhāng értóng sān zhāng
따런 량 쨩 얼퉁 싼쨩

好，85块。
Hǎo bāshí wǔ kuài
하오 빠스우 콰이

最精彩(有意思)的表演是什么?
Zuì jīngcǎi (yǒu yìsi) de biǎoyǎn shì shénme
쭈이 징차이 (여우이스) 더 비아오옌 스 션머

都很精彩(有意思)。
Dōu hěn jīngcǎi(yǒuyìsi)
떠우 헌 징차이(여우이스)

我最喜欢看那儿的表演。
Wǒ zuì xǐhuan kàn nàr de biǎoyǎn
워 쭈이 시환 칸 날더 비아오옌

관광지에서

🇰🇷 어른 4장 주세요.

🇰🇷 죄송하지만, 셔터 좀 눌러 주시겠어요?

🇰🇷 여기를 누르시면 됩니다.

⭐ 네, 그러세요.

⭐ 조금 앞으로 오세요.

⭐ 좀 더 뒤로 가세요.

🇰🇷 됐습니까?

⭐ 찍습니다. 하나, 둘, 셋!

大人四张。
Dàrén sì zhāng
따런 쓰 짱

对不起，请你按一下快门。
Duìbuqǐ　　　Qǐng nǐ àn yíxià　kuàimén
뚜이부치　　칭　니　안이시아　콰이먼

按这儿就可以了。
Àn zhèr jiù kěyǐ le
안 쩔　지우 커이 러

可以了。
Kěyǐ le
커이 러

再往前边走一点儿。
Zài wǎng qiánbian zǒu yìdiǎnr
짜이 왕치엔비엔 저우 이디얼

往后边走一点儿。
Wǎng hòubian zǒu yìdiǎnr
왕　허우비엔 저우 이디얼

好了吗?
Hǎo le ma
하오 러 마

好，一，二，三!
Hǎo　yī　èr　sān
하오　이　얼　싼

연극 · 영화 · 공연

🇰🇷 표는 어디서 팝니까?

⭐ 곧장 가서 오른쪽입니다.

🇰🇷 2장 주세요.

⭐ 100콰이입니다.

🇰🇷 몇 시에 시작합니까?

⭐ 4시 반입니다.

🇰🇷 몇 시에 끝납니까?

⭐ 6시입니다.

在哪儿卖票?
Zài nǎr mài piào
짜이 날 마이 피아오

一直走在右边。
Yìzhí zǒu zài yòubian
이즈 저우 짜이 여우비엔

给我两张。
Gěi wǒ liǎng zhāng
게이 워 량쨩

100块。
Yìbǎi kuài
이바이 콰이

几点上演?
Jǐ diǎn shàngyǎn
지디엔 샹옌

四点半。
Sì diǎn bàn
쓰 디엔 빤

什么时候结束?
Shénme shíhou jiéshù
션머스허우   지에슈

六点。
Liù diǎn
리우 디엔

연극 · 영화 · 공연

🇰🇷 매점은 어디에 있습니까?

⭐ 왼쪽에 있습니다.

🇰🇷 화장실은 어디지요?

⭐ 저 뒤에 있습니다.

小卖部在哪儿?
Xiǎomàibù zài nǎr
시아오마이뿌 짜이 날

在左边。
Zài zuǒbian
짜이 주어비엔

洗手间在哪儿?
Xǐshǒujiān zài nǎr
시셔우지엔 짜이 날

在那后边。
Zài nà hòubian
짜이 나 허우비엔

쇼핑

🌠 어서 오십시오.

🌠 뭘 찾으십니까?

🇰🇷 이 넥타이는 얼마입니까?

🌠 200콰이입니다.

🇰🇷 저 셔츠는?

🌠 저건 350콰이입니다.

🌠 사이즈도 꼭 맞고 잘 어울리십니다.

🇰🇷 그래요? 그럼 이거하고 저거 주세요.

欢迎光临。
Huānyíng guānglín
환잉꽝린

您要什么?
Nín yào shénme
닌 야오 션머

这个领带多少钱?
Zhè ge lǐngdài duōshao qián
쩌거 링따이 뚜어샤오치엔

200 块。
Liǎngbǎi kuài
량바이 콰이

这件衬衫呢?
Zhè jiàn chènshān ne
쩌지엔 쳔샨 너

这是 350 块。
Zhè shì sānbǎi wǔshí kuài
쩌스 싼바이우스 콰이

这件又合适,又称身。
Zhè jiàn yòu héshì yòu chènshēn
쩌찌엔 여우 허스 여우 쳔션

是吗? 那, 我要这件, 还要那件。
Shì ma Nà wǒ yào zhè jiàn hái yào nà jiàn
스마 나 워야오 쩌지엔 하이야오 나지엔

쇼핑

그리고 손수건도 두 장 주세요!

전부 얼마입니까?

전부 1,300콰이입니다.

선물할 거니까 따로따로 포장해 주세요.

그리고 화장품 매장은 어디지요?

화장품 매장은 저쪽입니다.

还要两张手帕。
Hái yào liǎng zhāng shǒupà
하이야오 량짱　셔우파

一共多少钱?
Yígòng duōshao qián
이꽁　뚜어샤오치엔

一共 1,300 块。
Yígòng yīqiān sān bǎi kuài
이꽁　이치엔 싼바이 콰이

这是送礼物的，分开包装一下。
Zhè shì sòng lǐwù de　fēnkāi bāozhuāng yíxià
쩌스　쏭　리우더　펀카이 빠오쮸앙 이시아

还有，化装品柜台在哪儿?
Háiyǒu　huàzhuāngpǐn guìtái zài nǎr
하이여우　화쮸앙핀　꾸이타이 짜이 날

化装品柜台在那边。
Huàzhuāngpǐn guìtái zài nàbian
화쮸앙핀　꾸이타이 짜이 나비엔

다른 물건 고르기

🇰🇷 좀더 싼 것은 없습니까?

🇰🇷 이것보다 큰(작은) 것은 없습니까?

🇰🇷 같은 디자인으로 다른 색은 없습니까?

🇰🇷 수수한 색깔은 없습니까?

🇰🇷 화려한 무늬였으면 좋겠는데요.

🇰🇷 이것과 같은 거 있습니까?

🇰🇷 500콰이로 살 수 있는 것은 뭐죠?

🇰🇷 성능은 어느 쪽이 더 좋은가요?

有便宜点儿的吗?
Yǒu piányi diǎnr de ma
여우 피엔이 디얼 더 마

有没有比这个大(小)的?
Yǒu méiyǒu bǐ zhè ge dà(xiǎo) de
여우메이여우 비 쩌거 따(시아오)더

这种款式有别的颜色吗?
Zhè zhǒng kuǎnshì yǒu biéde yánsè ma
쩌종 관스 여우 비에더 옌써 마

有没有朴素点儿的?
Yǒu méiyǒu pǔsù diǎnr de
여우메이여우 푸수 디얼 더

还是花哨点儿更好。
Háishi huāshao diǎnr gèng hǎo
하이스 화샤오 디얼 껑하오

有没有跟这个一样的?
Yǒu méiyǒu gēn zhè ge yíyàng de
여우메이여우 껀 쩌거 이양더

用 500 块钱 能买的是什么呢?
Yòng wǔbǎi kuài qián néng mǎi de shì shénme ne
용 우바이콰이첸 넝 마이더 스 션머 너

性能哪个比较好呢?
Xìngnéng nǎ ge bǐjiào hǎo ne
씽넝 나거 비지아오 하오 너

정찰제인 곳도 더러는 있지만 대부분의 시장에서 가격 흥정이 이루어진다. 중국 상인들은 특히 외국인에게 더 바가지를 씌우려는 경향이 있는데 부르는 가격대로 사면 손해보기 십상이다.

중국에서 쇼핑을 하려면 무조건 깎아야 한다고 생각하고 임하는 것이 좋다. 외국인에게는 전자 계산기를 주면서 원하는 가격을 눌러 보라고도 하는데 상인이 부른 가격의 절반 이상을 깎자. 안 팔겠다고 하면 그냥 뒤돌아서 가도 괜찮다. 되돌아가는 손님을 붙잡는 경우가 태반이고, 설사 붙잡지 않는다 해도 다른 가게에서 그 가격에 물건을 살 수 있는 경우도 많다.

그리고 가격이 가는 곳마다 천차만별이기 때문에 한 곳에서 물건을 사지 말고 여러 곳을 돌아보고 구입하는 것이 좋다. 또 가짜 상품이 많으므로 가짜를 비싼 가격에 구입하지 않도록 조심해야한다.

비교적 큰 국제 쇼핑센터

가구, 건축자재, 조명 등 여러 가지
집 관련 용품을 파는 쇼핑몰

상점들이 밀집해 있는 상가

백화점

각종 잡지, 신문, 음료 등을 판매 하는 가장 흔히 볼 수 있는 소규모 가게

반찬, 채소, 야채, 고기 등을 파는 재래시장

곳곳에 있는 슈퍼마켓

슈퍼 내부 물건이 정렬된 모습

전화하기

교환원을 통하지 않을 때

🇰🇷 여보세요, 348-1357이죠?

⭐ 네, 그런데요.

🇰🇷 김동광 씨 계십니까?

⭐ 실례지만 누구세요?

🇰🇷 김대한이라고 전해 주십시오.

⭐ 잠깐만 기다려 주세요.

喂，348-1357 吗?
Wèi　Sān sì bā - yāo sān wǔ qī ma
웨이　싼 쓰 빠　야오 싼 우 치 마

是。
Shì
스

金东光先生在吗?
Jīn Dōngguāng xiānsheng zài ma
진뚱꽝　시엔셩 짜이마

劳驾，您是哪位?
Láojià　nín shì nǎ wèi
라오지아　닌 스 나웨이

请转告他我是金大韩。
Qǐng zhuǎngào tā wǒ shì Jīn Dàhán
칭　주안까오 타 워 스 진따한

请稍等。
Qǐng shāo děng
칭　샤오덩

전화하기

교환원을 통할 때

🇰🇷 김대한입니다.

🇰🇷 내선 785번 부탁합니다.

🇰🇷 김동광 씨와 통화하고 싶습니다.

⭐ 자리에 없는데요.

⭐ 지금 외출 중인데요.

🇰🇷 몇 시쯤 들어오십니까?

⭐ 12시경입니다.

⭐ 2시에는 돌아옵니다.

我是金大韩。
Wǒ shì Jīn Dàhán
워 스 진따한

请转到 内线 785 号。
Qǐng zhuǎn dào nèixiàn qī bā wǔ hào
칭 주안따오 네이씨엔 치빠우 하오

请 金东光先生接电话。
Qǐng Jīn Dōngguāng xiānsheng jiē diànhuà
칭 진똥꽝 시엔셩 지에 띠엔화

他不在。
Tā bú zài
타 부짜이

他出去了。
Tā chūqu le
타 추취 러

几点回来?
Jǐ diǎn huílai
지디엔 후이라이

十二点左右。
Shí èr diǎn zuǒyòu
스 얼 디엔 주어여우

两点回来。
Liǎng diǎn huílai
량디엔 후이라이

전화하기

교환원을 통할 때

⭐ 곧 들어오실 겁니다.

🇰🇷 나중에 다시 전화하겠습니다.

🇰🇷 말씀 좀 전해 주시겠습니까?

⭐ 네, 말씀하세요.

🇰🇷 김대한이 전화했다고 전해 주세요.

⭐ 네, 알았습니다.

马上就回来。
Mǎshàng jiù huílai
마샹 지우 후이라이

一会儿再打电话。
Yíhuìr zài dǎ diànhuà
이휠 짜이 다 띠엔화

请你转告他，好吗?
Qǐng nǐ zhuǎngào tā hǎo ma
칭니 주안까오 타 하오마

请说。
Qǐng shuō
칭 슈어

请转告他金大韩打过电话。
Qǐng zhuǎngào tā Jīn Dàhán dǎguo diànhuà
칭 주안까오 타 진따한 다구어 띠엔화

我知道了。
Wǒ zhīdao le
워 쯔다오 러

전화하기

전화를 잘못 걸었을 때

여보세요, 리우 선생님 댁입니까?

아닙니다.

3245-6789번 아닙니까?

아닙니다.

죄송합니다.

喂，刘老师家吗?
Wéi, Liú lǎoshī jiā ma
웨이 리우 라오스 지아 마

你打错了。
Nǐ dǎcuò le
니 다추어 러

不是 3245-6789 吗?
Bú shì sān èr sì wǔ -liù qī bā jiǔ ma
부스 싼 얼쓰우 리우 치 빠 지우 마

你打错了。
Nǐ dǎcuò le
니 다추어 러

很抱歉。
Hěn bàoqiàn
헌 빠오치엔

전화하기

알아듣기 힘들 때

🇰🇷 잘 들리지 않습니다.

🇰🇷 천천히 말씀해 주십시오.

🇰🇷 미안합니다. 다시 말씀해 주십시오.

🇰🇷 좀 크게 말씀해 주십시오.

我听不清楚。
Wǒ tīng bu qīngchu
워 팅 부 칭추

请你慢点儿说。
Qǐng nǐ màn diǎnr shuō
칭 니 만 디얼 슈어

对不起，再说一遍，好吗?
Duìbuqǐ   zài shuō yíbiàn   hǎo ma
뚜이부치 짜이슈어 이비엔 하오 마

请你说得大一点儿。
Qǐng nǐ shuō de dà yì diǎnr
칭 니 슈어더 따 이디얼

국제전화

○ 후불제

001, 002, 008, 00700, 00365 등이 있다.

음질도 좋고 사용법도 편리하지만, 가격이 비싸다.

사용법 001 + 국가번호(82) + 지역번호 + 전화번호

지역번호를 누를 때는 0을 빼고 누른다.

(02인 경우는 2만, 064인 경우는 64만)

핸드폰일 경우에는 국가번호를 누르고 010으로 시작되면 10
만, 011로 시작되면 11만 눌러야한다.

○ 수신자 부담

온세통신108-827, 데이콤108-
828, 한국통신108-821, 셋 중
에 하나를 누르면 한국어 안
내방송이 나온다. 간편하게 이
용할 수 있지만 요금은 제일
비싸다.

O 선불제

요금이 후불제에 비해 저렴한 편이며, 카드는 호텔 카운터나 매점 등지에서 구입할 수 있다.

국제전화 사용법

국제전화카드 사용법은 다음과 같다.

1. 접속번호와 비빌번호를 누른다
2. 상대방국가번호 + 지역번호(맨 앞자리 0은 뺀다) + 전화번호

전화카드 앞면

전화카드 뒷면

편지 · 소포 부치기

🇰🇷 국제우편인데요.

🇰🇷 항공편으로 부쳐 주세요.

🇰🇷 얼마입니까?

🇨🇳 250콰이입니다.

🇰🇷 며칠 정도 걸리죠?

🇨🇳 1주일 정도입니다.

🇰🇷 5콰이짜리 우표 3장 주세요.

🇰🇷 엽서 6장 주세요.

我要寄国际邮件。
Wǒ yào jì guójì yóujiàn
워 야오 찌 구어찌여우찌엔

我要寄航空信。
Wǒ yào jì hángkōngxìn
워 야오 찌 항콩신

多少钱?
Duōshao qián
뚜어샤오치엔

250 块。
Liǎngbǎi wǔshí kuài
량바이 우스 콰이

几天能到?
Jǐtiān néng dào
지티엔 넝따오

大概要一个星期。
Dàgài yào yí ge xīngqī
따까이 야오 이거 씽치

给我三张五块钱的邮票。
Gěi wǒ sān zhāng wǔ kuài qián de yóupiào
게이워 싼쨩   우콰이치엔 더 여우피아오

给我六张明信片。
Gěi wǒ liù zhāng míngxìnpiàn
게이 워 리우쨩 밍신피엔

편지 · 소포 부치기

🇰🇷 인쇄물입니다.

🇰🇷 등기우편으로 해 주십시오.

🇰🇷 빠른우편으로 해 주십시오.

🇰🇷 국제특급우편으로 부탁합니다.

🇰🇷 전보를 치고 싶은데요.

🇰🇷 이곳의 우편번호를 잘 모르겠는데요.

这是印刷物。
Zhè shì yìnshuāwù
쩌 스 인슈아우

我要寄挂号信。
Wǒ yào jì guàhàoxìn
워 야오 찌 꽈하오신

我要寄快信。
Wǒ yào jì kuàixìn
워 야오 찌 콰이씬

我要寄国际快信。
Wǒ yào jì guójì kuàixìn
워 야오 찌 구어찌 콰이씬

我要打电报。
Wǒ yào dǎ diànbào
워 야오 다 띠엔빠오

这儿的邮政编码我不太清楚。
Zhèr de yóuzhèng biānmǎ wǒ bú tài qīngchu
쩔 더 여우쩡삐엔마   워 부타이 칭추

중국에서 소포 부칠 때

소포를 부치고자 하면 포장을 살짝만 하고 가는 것이 좋다. 우체국
직원이 풀어서 안의 내용을 다 확인하기 때문이다. 항공우편을 이용
하면 대략 5일~7일 정도 소요되는데 EMS(Electronic Manufacturing
Service)로 보내면 2일~3일이면 도착한다. 그러나 문서 하나라도
100위안이 넘는다. 선박은 20일 가량이 소요되는 대신 가격이 싸다.
소포는 개당 20kg을 초과할 수 없으며, 전자제품, 한방약, 국외반
출 금지서적 등은 부칠 수 없다.

중국 우체국은 연중무휴로 오전 9시부터 오후 5시까지 영업한다.
우체국에서 한국으로 편지를 부칠 때에는 봉투에 'Air mail'이나
'항공[航空]'이라고 꼭 써주고, 주소는 한글로 써도 되지만 '韓
国' 혹은 'korea'는 꼭 써야 한다.

우체통은 짙은 녹색이며 투입구는 타도시용과 본도시용 두 개가
있다.

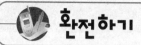 **환전하기**

🇰🇷 저기요, 환전은 어디서 합니까?

⭐ 2번 창구입니다.

🇰🇷 이걸 현금으로 바꾸고 싶은데요.

⭐ 여기 적어 주십시오.

🇰🇷 이렇게 적으면 됩니까?

⭐ 네, 그리고 수수료가 10콰이 있습니다.

劳驾，在哪儿换钱?
Láojià   zài nǎr huàn qián
라오지아 짜이날 환치엔

在 2 号 窗口。
Zài èr hào chuāngkǒu
짜이 얼하오 추앙커우

我要把这个换成现金。
Wǒ yào bǎ zhè ge huànchéng xiànjīn
워 야오 바 쩌거 환청   씨엔진

请填一下。
Qǐng tián yíxià
칭   티엔이시아

这样写可以吗?
Zhèyàng xiě kěyǐ ma
쩌양   시에 커이 마

可以，还有手续费 10 块。
Kěyǐ   háiyǒu shǒuxùfèi   shí kuài
커이   하이여우 셔우쉬페이 스콰이

몸이 아플 때

😊 얼굴색이 안 좋군요.

😊 어디가 불편하세요?

🇰🇷 열이 많이 나요.

😊 식욕은 있어요?

🇰🇷 식욕도 없습니다.

😊 빨리 병원에 가 보세요.

你脸色不太好。
Nǐ liǎnsè bú tài hǎo
니 리엔써 부타이하오

你哪儿不舒服？
Nǐ nǎr bù shūfu
니 날 뿌슈푸

我发高烧。
Wǒ fā gāo shāo
워 파 까오샤오

有没有胃口？
Yǒu méiyǒu wèikǒu
여우메이여우 웨이커우

没有胃口。
Méiyǒu wèikǒu
메이여우 웨이커우

快去医院看病吧。
Kuài qù yīyuàn kàn bìng ba
콰이 취 이위엔 칸삥 바

몸이 아플 때

🇰🇷 오늘 처음 왔습니다.

⭐ 이거 읽을 수 있습니까?

🇰🇷 조금요.

⭐ 여기 성함과 주소를 적어 주세요.

🇰🇷 다 적었습니다.

⭐ 잠시 후 부를 테니까 잠깐 기다려 주세요.

今天我第一次来。
Jīntiān wǒ dì yī cì lái
진티엔 워 띠이츠 라이

这个看得懂吗?
Zhè ge kàn de dǒng ma
쩌거 칸더똥 마

有点儿。
Yǒu diǎnr
여우디얼

在这儿写一下你的姓名和地址。
Zài zhèr xiě yíxià nǐ de xìngmíng hé dìzhǐ
짜이쩔 시에이시아 니더 씽밍 허 띠즈

写完了。
Xiěwán le
시에완 러

一会儿叫你,请稍等。
Yíhuìr jiào nǐ qǐng shāo děng
이훨 찌아오니 칭 샤오 덩

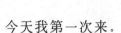

병원에서

진찰실에서

⭐ 김대한 씨! 들어오세요.

🇰🇷 네.

⭐ 어디가 불편하십니까?

🇰🇷 어제부터 열이 있고 목이 아픕니다.

⭐ 설사도 하십니까?

🇰🇷 설사도 합니다.

⭐ 옷 좀 올려 주십시오.

⭐ 입을 벌리세요.

金大韩先生，请进。
Jīn Dàhán xiānsheng, qǐng jìn
진따한 시엔성 칭찐

是。
Shì
스

你哪儿不舒服。
Nǐ nǎr bù shūfu
니 날 뿌슈푸

从昨天开始发烧，嗓子疼。
Cóng zuótiān kāishǐ fāshāo sǎngzi téng
총 주어티엔 카이스 파샤오 상즈 텅

拉肚子吗?
Lā dùzi ma
라 뚜쯔 마

也拉肚子。
Yě lā dùzi
예 라 뚜쯔

把衣服举起来一下。
Bǎ yīfu jǔ qǐlai yíxià
바 이푸 쥐치라이 이시아

请张开嘴。
Qǐng zhāngkāi zuǐ
칭 쨩 카이 주이

병원에서

⭐ 음, 감기군요.

⭐ 항생제 알레르기는 없습니까?

🇰🇷 없습니다.

⭐ 약을 드릴 테니까 드시고 푹 쉬십시오.

🇰🇷 감사합니다.

⭐ 몸조리 잘하세요.

是感冒。
Shì gǎnmào
스 간마오

没有抗生剂过敏吗?
Méiyǒu kàngshēngjì guòmǐn ma
메이여우 캉셩찌 꾸어민 마

没有。
Méiyǒu
메이여우

我给你开药，吃药后好好儿休息。
Wǒ gěi nǐ kāi yào chī yào hòu hǎohāor xiūxi
워 게이 니 카이야오 츠야오 허우 하오하얼 씨우시

谢谢。
Xièxie
씨에셰

您保重。
Nín bǎozhòng
닌 바오쫑

약국에서

🇰🇷 (처방전을 가지고)약 좀 지어 주세요.

⭐ 네, 잠시 기다려 주세요.

🇰🇷 네.

⭐ 김대한 씨, 많이 기다리셨지요.

⭐ 3일분입니다.

⭐ 하루에 3번, 식후에 드세요.

🇰🇷 네, 알았습니다.

⭐ 몸조리 잘하세요.

请给我开点药。
Qǐng gěi wǒ kāi diǎn yào
칭 게이 워 카이디엔 야오

请稍等。
Qǐng shāo děng
칭샤오덩

好。
Hǎo
하오

金大韩先生，让你久等了。
Jīn Dàhán xiānsheng ràng nǐ jiǔ děng le
진따한 시엔셩 랑 니 지우 덩 러

三天的。
Sān tiān de
싼티엔 더

一天三次，饭后吃。
Yì tiān sān cì fàn hòu chī
이티엔 싼츠 판허우 츠

知道了。
Zhīdao le
쯔다오 러

您多保重。
Nín duō bǎozhòng
닌 뚜어 바오쫑

돌발 상황

🇰🇷 길을 잃었어요.

🇰🇷 여권을 잃어버렸어요.

🇰🇷 표를 잃어버렸어요.

🇰🇷 어디서 잃어버렸는지 모르겠어요.

🇰🇷 택시 안에 그것을 두고 내렸어요.

🇰🇷 병원에 데려가 주세요.

🇰🇷 구급차를 불러 주세요.

🇰🇷 경찰을 불러 주세요.

我迷路了。
Wǒ mí lù le
워 미루 러

我护照丢了。
Wǒ hùzhào diū le
워 후쨔오 띠우 러

我车票丢了。
Wǒ chēpiào diū le
워 쳐피아오 띠우 러

我不知道在哪儿丢了东西。
Wǒ bù zhīdào zài nǎr diū le dōngxi
워 뿌즈따오 짜이 날 띠우 러 똥시

我把它丢在出租车里。
Wǒ bǎ tā diū zài chūzūchē li
워 바 타 띠우 짜이 츄주쳐 리

请带我医院去。
Qǐng dài wǒ yīyuàn qù
칭 따이 워 이위엔 취

请叫救护车。
Qǐng jiào jiùhùchē
칭 지아오 찌우후쳐

请叫警察。
Qǐng jiào jǐngchá
칭 지아오 징챠

돌발 상황

🇰🇷 한국 대사관에 연락해 주세요.

🇰🇷 누구 없어요? 도와주세요!

🇰🇷 도와주세요!

🇰🇷 불이야!

🇰🇷 지진이다!

🇰🇷 도둑이야!

🇰🇷 조심해!

请跟韩国大使馆联系。
Qǐng gēn Hánguó dàshǐguǎn liánxì
칭 껀 한구어 따스관 리엔시

没有什么人啊? 帮个忙吧!
Méiyǒu shénme rén a   Bāng ge máng ba
메이여우 션머런 아 빵거망 바

救命!
Jiù mìng
찌우밍

着火了!
Zháo huǒ le
쟈오후어 러

地震啊!
Dìzhèn a
띠쩐 아

小偷!
Xiǎotōu
시아오터우

小心!
Xiǎoxīn
시아오씬

귀국 길 오르기

🇰🇷 출국장은 어디입니까?

🇰🇷 아시아나항공 카운터는 어디입니까?

🇰🇷 창가 쪽 좌석을 주십시오.

🇰🇷 제일 뒤쪽 좌석을 주십시오.

🇰🇷 짐은 이것이 전부입니다.

出境处在哪儿?
Chūjìngchù zài nǎr
츄찡츄　　짜이 날

韩亚航空 服务台在哪儿?
Hányà hángkōng fúwùtái zài nǎr
한야　항콩　　푸우타이 짜이날

请给我 靠窗口的 位子。
Qǐng gěi wǒ kào chuāngkǒu de wèizi
칭　게이 워 카오 추앙커우 더 웨이즈

请给我 最后边的 位子。
Qǐng gěi wǒ zuì hòubian de wèizi
칭　게이 워 쭈이 허우비엔 더 웨이즈

行李只有这些。
Xíngli zhǐyǒu zhè xiē
씽리　즈여우 쩌시에

남은 시간 즐기기

🇰🇷 전망대는 어디로 올라갑니까?

🇰🇷 어린이가 놀 만한 장소는 없습니까?

🇰🇷 잠깐 쉴 만한 곳은 어디에 있습니까?

🇰🇷 국제전화는 어디 있습니까?

🇰🇷 코인 로커는 어디에 있습니까?

🇰🇷 옷 갈아입을 수 있는 곳은 어디에 있습니까?

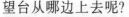

望台从哪边上去呢?
Wàngtái cóng nǎbian shàngqu ne
왕타이 총 나비엔 샹취 너

这儿有没有小孩儿可玩儿的地方?
Zhèr yǒu méiyǒu xiǎoháir kě wánr de dìfang
쩔 여우메이여우 시아오할 커 왈 더 띠팡

这儿附近有没有可休息的地方?
Zhèr fùjìn yǒu méiyǒu kě xiūxi de dìfang
쩔 푸찐 여우메이여우 커 씨우시더 띠팡

在哪儿可以打国际电话?
Zài nǎr kěyǐ dǎ guójì diànhuà
짜이 날 커이 다 구어찌 띠엔화

行理寄存处在哪儿?
Xíngli jìcúnchù zài nǎr
씽리 찌춘추 짜이 날

更衣室在哪儿?
Gēngyīshì zài nǎr
껑이스 짜이 날

卡拉 OK
카라오케 **가라오케(노래방)**

肯德基
컨더지 KFC

咖啡管
카페이관 **커피숍**

必胜客
삐셩커 **피자헛**

花店
화디엔 **꽃집**

美发店
메이파디엔 **미용실**

美容护肤中心
메이롱후푸쭝신 **피부미용센터**

加油站
지아여우짠 **주유소**

干洗店
깐시디엔 **드라이클리닝 세탁소**

购物中心
꺼우우쫑씬 **쇼핑센터**

药店
야오디엔 **약국**

配钥匙
페이야오스 **열쇠수리점**

경찰서	**公安局** gōng'ānjú	꽁안쥐
우체국	**邮局** yóujú	여우쥐
병원	**医院** yīyuàn	이위엔
과일가게	**水果店** shuǐguǒdiàn	쉐이궈디엔
패스트푸드점	**快餐厅** kuàicāntīng	콰이찬팅
슈퍼마켓	**超市** chāoshì	챠오스
피씨(PC)방	**网吧** wǎngbā	왕빠
빵집	**面包店** miànbāodiàn	미엔빠오디엔
서점	**书店** shūdiàn	슈디엔
옷가게	**服装店** fúzhuāngdiàn	푸좡디엔
신발가게	**鞋店** xiédiàn	시에디엔

간·편·회·화

인사

● 안녕하세요? (아침인사)

● 안녕하세요? (점심인사)

● 안녕하세요? (저녁인사)

● 안녕히 주무세요.

● 안녕히 가세요.

● 안녕히 계세요.

● 내일 보자.

● 또 보자.

你早! | 早安! | 早上好!
Nǐ zǎo | Zǎo'ān | Zǎoshang hǎo
니 자오 | 자오안 | 자오상 하오

午安!
Wǔ'ān
우안

晚上好!
Wǎnshang hǎo
완상 하오

晚安!
Wǎn'ān
완안

再见。
Zàijiàn
짜이찌엔

再见。
Zàijiàn
짜이찌엔

明天见。
Míngtiān jiàn
밍티엔 찌엔

再见。
Zàijiàn
짜이찌엔

인사

◉ 축하해!

◉ 축하합니다.

◉ 어서 오세요.

◉ 오래간만입니다.

恭喜你!
Gōngxǐ nǐ
꽁시 니

祝贺你!
Zhùhè nǐ
쭈허 니

欢迎光临。
Huānyíng guānglín
환잉꽝린

好久不见。
Hǎojiǔ bújiàn
하오지우 부찌엔

 **감사 · 사죄**

● 감사합니다.

● 천만에요.

● 신세를 많이 졌습니다.

● 폐가 많았습니다.

● 미안합니다.

● 실례합니다.

● 실례했습니다.

● 오래 기다리게 했습니다.

谢谢。
Xièxie
씨에세

不客气。
Bú kèqi
부커치

我沾光了不少。
Wǒ zhānguāng le bùshǎo
워 짠꽝　　러 뿌샤오

打扰您了。 | 麻烦您了。
Dǎrǎo nín le | Máfan nín le
다라오 닌 러 | 마판 닌 러

对不起。 | 抱歉。
Duìbuqǐ | Bàoqiàn
뚜이부치 | 빠오치엔

劳驾。
Láojià
라오지아

打扰您了。
Dǎrǎo nín le
다라오 닌 러

让你久等了。
Ràng nǐ jiǔ děng le
랑니　 지우 덩 러

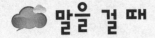 **말을 걸 때**

● 실례지만,

● 미안하지만,

● 말 좀 묻겠습니다.

● 죄송합니다만,

| 对不起,
Duìbuqǐ
뚜이부치 | 劳驾,
Láojià
라오지아 |

| 对不起,
Duìbuqǐ
뚜이부치 | 麻烦你,
Máfan nǐ
마판 니 |

请问。
Qǐngwèn
칭 원

| 对不起,
Duìbuqǐ
뚜이부치 | 抱歉,
Bàoqiàn
빠오치엔 |

대답

◉ 네.

◉ 뭐라고요?

◉ 그래요?

◉ 아니요.

◉ 물론입니다.

◉ 저도 그렇게 생각합니다.

◉ 말씀하신 대로입니다.

◉ 그런지도 모릅니다.

是。
Shì
스

什么?
Shénme
션머

是吗?
Shì ma
스 마

不是。
búshì
부스

当然。
Dāngrán
땅란

我也这么想。
Wǒ yě zhème xiǎng
워 예 쩌머 시앙

正如您所说的。
Zhèngrú nín suǒ shuō de
쩡루 닌 수어슈어 더

也许会这样。
Yěxǔ huì zhèyàng
예쉬 후이 쩌양

대답

◉ 잘 알아듣지 못했습니다.

◉ 알았습니다.

◉ 모르겠습니다.

◉ 아닙니다.

◉ 괜찮습니다.

◉ (이렇게 하면) 됐습니다.

◉ 안 됩니다.

◉ 상관없어요.

我听不清楚了。
Wǒ tīng bu qīngchu le
워 팅 부 칭추 러

我知道了。
Wǒ zhīdao le
워 쯔다오 러

我不知道。 | 我不明白。
Wǒ bù zhīdào | Wǒ bù míngbai
워 뿌즈따오 | 워 뿌 밍바이

不对。
Búduì
부뚜이

没关系。 | 没事儿。
Méi guānxi | Méishìr
메이꾸안시 | 메이셜

这样就行了。
Zhèyàng jiù xíng le
쩌양 지우 씽 러

不行。
Bù xíng
뿌씽

没关系。
Méi guānxi
메이꾸안시

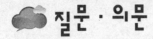 질문 · 의문

● 한국인입니까?

● 학생입니까?

● 회사원입니까?

● 관광입니까?

● 여기가 수상공원입니까?

● (주문한 메뉴) 가지고 가십니까?

● (주문한 메뉴) 여기서 드십니까?

~ 입니까?	是 ~ 吗? 스　마

你是韩国人吗?
Nǐ shì Hánguórén ma
니 스 한구어런 마

你是学生吗?
Nǐ shì xuésheng ma
니 스 쉬에셩 마

你是公司职员吗?
Nǐ shì gōngsī zhíyuán ma
니 스 꽁스 즈위엔 마

是旅游吗?
Shì lǚyóu ma
스 뤼여우 마

这里是水上公园吗?
Zhèli shì shuǐshàng gōngyuán ma
쩌리 스 쉐이샹 꽁위엔 마

您要带走吗?
Nín yào dàizǒu ma
닌 야오 따이저우 마

您要在这里吃吗?
Nín yào zài zhèli chī ma
닌 야오 짜이쩌리 츠 마

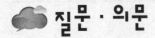 질문 · 의문

● 전화카드 있습니까?

● 반창고 있습니까?

● 그림엽서 있습니까?

● 관광지도 있습니까?

● 식욕은 있습니까?

● 내일 표 있습니까?

● 저쪽에 뭐가 있습니까?

~ 있습니까? | 有 ~ 吗?
여우 ~ 마

有电话卡吗?
Yǒu diànhuàkǎ ma
여우 띠엔화카 마

- -

有胶布吗?
Yǒu jiāobù ma
여우 지아오뿌 마

- -

有美术明信片吗?
Yǒu měishù míngxìnpiàn ma
여우 메이슈 밍씬피엔 마

- -

有旅游地图吗?
Yǒu lǚyóu dìtú ma
여우 뤼여우 띠투 마

- -

你有胃口吗?
Nǐ yǒu wèikǒu ma
니 여우 웨이커우 마

- -

有明天的票吗?
Yǒu míngtiān de piào ma
여우 밍티엔더 피아오 마

- -

那儿有什么呢?
Nàr   yǒu shénme ne
날   여우 션머 너

- -

 질문 · 의문

◉ 다른 디자인은 없습니까?

◉ 다른 색은 없습니까?

◉ 좀더 싼 것은 없습니까?

◉ 더 가벼운 것은 없습니까?

◉ 여기에 저에게 어울리는 것은 없습니까?

◉ 5콰이로 살 수 있는 것은 없습니까?

◉ 여성용은 없습니까?

◉ 남성용은 없습니까?

没有别的款式(花样)的吗?
Méiyǒu biéde kuǎnshì(huāyàng)de ma
메이여우 비에더 콴스(화양)더 마

没有别的颜色吗?
Méiyǒu biéde yánsè ma
메이여우 비에더 옌써 마

没有便宜点儿的吗?
Méiyǒu piányi diǎnr de ma
메이여우 피엔이 디얼더 마

没有轻一点的吗?
Méiyǒu qīng yìdiǎn de ma
메이여우 칭 이디엔더 마

这儿没有配我的吗?
Zhèr méiyǒu pèi wǒ de ma
쩔 메이여우 페이 워더 마

这儿没有用五块钱买得起的吗?
Zhèr méiyǒu yòng wǔ kuài qián mǎideqǐ de ma
쩔 메이여우 용 우콰이치엔 마이더 치 더 마

没有女人的吗?
Méiyǒu nǚrén de ma
메이여우 뉘런 더 마

没有男人的吗?
Méiyǒu nánrén de ma
메이여우 난런 더 마

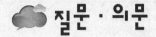 **질문·의문**

● 이건 뭐죠?

● 저건(그건) 뭐죠?

● 이건 뭐라고 합니까?

● 무엇을 드시겠습니까?

● 뭘 주문하시겠습니까?

● 뭘 주문하면 좋을까요?

무엇	什么 션머

这是什么?
Zhè shì shénme
쩌 스 션머

那是什么?
Nà shì shénme
나 스 션머

这叫什么?
Zhè jiào shénme
쩌 찌아오 션머

你要吃点什么?
Nǐ yào chī diǎn shénme
니 야오 츠디엔 션머

您要点什么菜?
Nín yào diǎn shénme cài
닌 야오 디엔 션머　차이

点什么菜好呢?
Diǎn shénme cài hǎo ne
디엔 션머　차이 하오 너

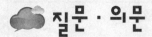 질문·의문

◉ 몇 월입니까?

- -

◉ 며칠입니까?

- -

◉ 몇 시입니까?

- -

◉ 몇 사람입니까?

- -

◉ 몇 분입니까?

- -

◉ 몇 병입니까?

- -

◉ 몇 개입니까?

- -

◉ 몇 권입니까?

- -

| 몇 | 几 |
| | 지 |

几月?
Jǐ yuè
지 위에

几号?
Jǐ hào
지 하오

几点?
Jǐ diǎn
지 디엔

几个人?
Jǐ ge rén
지 거 런

几位?
Jǐ wèi
지 웨이

几瓶?
Jǐ píng
지 핑

几个?
Jǐ ge
지 거

几本?
Jǐ běn
지 번

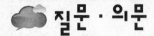 질문 · 의문

● 여기는 어디입니까?

● 기차 역은 어디입니까?

● 표 파는 곳은 어디입니까?

● 화장실은 어디입니까?

● 영화관은 어디에 있습니까?

● 병원은 어디에 있습니까?

● 왕푸징에 가는 버스는 어디에서 출발합니까?

● 어디까지 가십니까?

어디	哪儿
	날

这里是哪儿?
Zhèli shì nǎr
쩌리 스 날

火车站在哪儿?
Huǒchēzhàn zài nǎr
후어쳐짠 짜이 날

售票处在哪儿?
Shòupiàochù zài nǎr
셔우피아오츄 짜이 날

洗手间在哪儿?
Xǐshǒujiān zài nǎr
시셔우찌엔 짜이 날

电影院在哪儿?
Diànyǐngyuàn zài nǎr
띠엔잉위엔 짜이 날

医院在哪儿?
Yīyuàn zài nǎr
이위엔 짜이 날

到王俯井的公车在哪儿出发?
Dào Wángfǔjǐng de gōngchē zài nǎr chūfā
따오 왕푸징 더 꽁쳐 짜이 날 츄파

你到哪儿?
Nǐ dào nǎr
니 따오 날

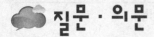 질문 · 의문

● 이건 어디로 갑니까?

● 어디에서 갈아탑니까?

● 어디에서 팝니까?

| 어디 | 哪儿
날 |

这趟车去哪儿?
Zhè tàng chē qù nǎr
쩌 탕 쳐 취 날

在哪儿换车?
Zài nǎr huàn chē
짜이 날 환쳐

在哪儿卖?
Zài nǎr mài
짜이 날 마이

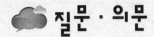 질문 · 의문

● 언제 출발합니까?

● 언제 도착합니까?

● 언제 귀국합니까?

● 언제 시작합니까?

● 언제 끝납니까?

● 언제 갑니까?

● 언제 옵니까?

● 언제 돌아옵니까?

언제 | **什么时候**
셔머스허우

什么时候出发?
Shénme shíhou chūfā
셔머스허우　　츄파

什么时候到?
Shénme shíhou dào
셔머스허우　　따오

什么时候回国?
Shénme shíhou huíguó
셔머스허우　　후이구어

什么时候开始?
Shénme shíhou kāishǐ
셔머스허우　　카이스

什么时候结束?
Shénme shíhou jiéshù
셔머스허우　　지에슈

什么时候去?
Shénme shíhou qù
셔머스허우　　취

什么时候来?
Shénme shíhou lái
셔머스허우　　라이

什么时候回来?
Shénme shíhou huílai
셔머스허우　　후이라이

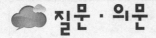 질문 · 의문

◉ 맛은 어떻습니까?

- -

◉ 어떻게 먹습니까?

- -

◉ 감상은 어떻습니까?

- -

◉ 한자로 어떻게 씁니까?

- -

◉ 면세점에는 어떻게 갑니까?

- -

◉ 베이징 대학에 가려면 어떻게 가야 합니까?

- -

어떻게	怎么
	전머

味道怎么样?
Wèidào zěnme yàng

웨이따오 전머양

怎么吃?
Zěnme chī

전머 츠

你觉得怎么样?
Nǐ juéde zěnme yàng

니 쥐에더 전머양

用汉字怎么写?
Yòng Hànzì zěnme xiě

용 한쯔 전머 시에

到免税店怎么走?
Dào miǎnshuìdiàn zěnme zǒu

따오 미엔쉐이띠엔 전머 저우

去北京大学怎么走?
Qù Běijīng dàxué zěnme zǒu

취 베이징 따쉐 전머 저우

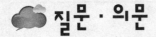 질문 · 의문

● 이건 얼마입니까?

● 저건(그건) 얼마입니까?

● 큰 것은 얼마입니까?

● 작은 것은 얼마입니까?

● 한 개에 얼마입니까?

● 전부 얼마입니까?

● 1인당 얼마입니까?

● 이건 얼마 정도입니까?

这个多少钱?
Zhè ge duōshao qián
쩌거 뚜어샤오치엔

那个多少钱?
Nà ge duōshao qián
나거 뚜어샤오치엔

大的多少钱?
Dà de duōshao qián
따더 뚜어샤오치엔

小的多少钱?
Xiǎo de duōshao qián
시아오더 뚜어샤오치엔

一个多少钱?
Yí ge duōshao qián
이거 뚜어샤오치엔

一共多少钱?
Yígòng duōshao qián
이꽁 뚜어샤오치엔

一个人多少钱?
Yí ge rén duōshao qián
이거런 뚜어샤오치엔

这个，大概多少钱?
Zhè ge   dàgài duōshao qián
쩌거   따까이 뚜어샤오치엔

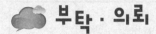 **부탁 · 의뢰**

● 이거 주세요.

● 더 가벼운 것을 주세요.

● 싼 것을 주세요.

● 저것과 같은 것을 주세요.

● 신문 주세요.

● 담배 주세요.

● 물 주세요.

● 우표 주세요.

~ 주세요.　｜　请给我 ~
칭 게이워~

请给我这个。
Qǐng gěi wǒ zhè ge
칭　게이워 쩌거

请你给我轻一点儿的。
Qǐng nǐ gěi wǒ qīng yìdiǎnr de
칭니　게이워 칭이디얼　더

请给我便宜一点儿的。
Qǐng gěi wǒ piányi yìdiǎnr de
칭　게이워 피엔이 이디얼 더

请给我跟这个一样的。
Qǐng gěi wǒ gēn zhè ge yíyàng de
칭　게이워 껀 쩌거　이양 더

请给我报纸。
Qǐng gěi wǒ bàozhǐ
칭　게이워 빠오즈

请给我香烟。
Qǐng gěi wǒ xiāngyān
칭　게이워 시양옌

请给我矿泉水。
Qǐng gěi wǒ kuàngquánshuǐ
칭　게이워 쾅취엔쉐이

请给我邮票。
Qǐng gěi wǒ yóupiào
칭　게이워 여우피아오

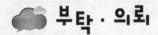 # 부탁 · 의뢰

● 호텔로 보내(배달해) 주세요.

● 택시를 불러 주세요.

● 여기서 세워 주세요.

● 먹는 법을 가르쳐 주세요.

● 좀 싸게 해 주세요.

● 예쁘게 포장해 주세요.

● 여기에 써 주세요.

● 자세하게 설명해 주세요.

请送到饭店去。
Qǐng sòngdào fàndiànqù
칭　쏭 따오 판디엔 취

请叫出租车。
Qǐng jiào chūzūchē
칭　찌아오 츄주쳐

请在这里停车。
Qǐng zài zhèli tíngchē
칭　짜이 쩌리 팅쳐

请教给我吃法。
Qǐng jiào gěi wǒ chīfǎ
칭　찌아오 게이워 츠파

请便宜点儿吧。
Qǐng piányi diǎnr ba
칭　피엔이 디얼 바

请你包装一下。
Qǐng nǐ bāozhuāng yíxià
칭니　빠오쥬앙 이시아

请在这儿写一下。
Qǐng zài zhèr xiě yíxià
칭　짜이 쩔 시에 이시아

请你仔细地说明一下。
Qǐng nǐ zǐxì de shuōmíng yíxià
칭니　즈씨 더 슈어밍 이시아

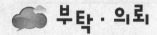 **부탁·의뢰**

● 천천히 말씀해 주세요.

● 가르쳐 주세요.

● 전해 주세요.

● 사진 좀 찍어 주세요.

● 셔터 좀 눌러 주세요.

● 함께 사진 찍으실래요?

● 한 번 더 얘기해 주실래요?

~ 해 주세요.	请 ~
	칭 ~

请你慢点儿说。
Qǐng nǐ màn diǎnr shuō
칭니 만 디얼 슈어

请教给我。
Qǐng jiāogěi wǒ
칭 찌아오 게이워

请你转告他。
Qǐng nǐ zhuǎngào tā
칭니 주안까오 타

请帮我拍一下。
Qǐng bāng wǒ pāi yíxià
칭 빵워 파이이시아

请按一下这个快门。
Qǐng àn yíxià zhè ge kuàimén
칭 안이시아 쩌거 콰이먼

请跟我一起照张相, 好吗?
Qǐng gēn wǒ yìqǐ zhào zhāng xiàng hǎo ma
칭 껀워 이치 짜오쟝씨앙 하오마

请你再说一遍, 好吗?
Qǐngnǐ zài shuō yíbiàn hǎo ma
칭니 짜이슈어 이비엔 하오마

 허가

● 이거 가져도 될까요?

● 앉아도 될까요?

● 의자를 뒤로 눕혀도 되겠습니까?

● 부탁해도 될까요?

● 입어 봐도 될까요?

● 들어 봐도 될까요?

● 신어 봐도 될까요?

● 먹어 봐도 될까요?

~ 해도 될까요? | 可以 ~ 吗?
커이 ~ 마

这个，可以带走吗?
Zhè ge kěyǐ dàizǒu ma
쩌거 커이 따이저우 마

我可以坐吗?
Wǒ kěyǐ zuò ma
워 커이 쭈어 마

椅子往后仰也可以吗?
Yǐzi wǎng hòu yǎng yě kěyǐ ma
이즈 왕허우 양 예 커이 마

我可以拜托吗?
Wǒ kěyǐ bàituō ma
워 커이 빠이투어 마

我可以试穿吗?
Wǒ kěyǐ shìchuān ma
워 커이 스촨 마

我可以试听吗?
Wǒ kěyǐ shìtīng ma
워 커이 스팅 마

我可以试穿吗?
Wǒ kěyǐ shìchuān ma
워 커이 스촨 마

我可以尝一尝吗?
Wǒ kěyǐ cháng yi cháng ma
워 커이 챵이챵 마

허가

● 마셔 봐도 될까요?

● 여기 들어가도 될까요?

● 여기서 사진 찍어도 될까요?

● 여기서 담배를 피워도 될까요?

~ 해도 될까요? | 可以 ~ 吗?
커이 ~ 마

我可以喝一喝吗?
Wǒ kěyǐ hē yi hē ma
워 커이 허이허 마

我可以进去吗?
Wǒ kěyǐ jìnqu ma
워 커이 찐취 마

这儿可以拍照吗?
Zhèr kěyǐ pāizhào ma
쩔 커이 파이쨔오 마

这儿可以抽烟吗?
Zhèr kěyǐ chōuyān ma
쩔 커이 쳐우옌 마

희망

● 구이린에 가고 싶습니다.

● 해변에 가고 싶습니다.

● 샹산에 가고 싶습니다.

● 만리장성에 가고 싶습니다.

● 절에 가고 싶습니다.

● 놀이동산에 가고 싶습니다.

● 백화점에 가고 싶습니다.

| 가고 싶습니다. | 想去 ~
시앙취 |

我想去桂林。
Wǒ xiǎng qù Guìlín
워 시앙취   꾸이린

我想去海边。
Wǒ xiǎng qù hǎibiān
워 시앙취   하이비엔

我想去香山。
Wǒ xiǎng qù Xiāngshān
워 시앙취   시앙샨

我想去长城。
Wǒ xiǎng qù Chángchéng
워 시앙취   창청

我想去寺庙。
Wǒ xiǎng qù sìmiào
워 시앙취   쓰미아오

我想去娱乐公园。
Wǒ xiǎng qù yúlègōngyuán
워 시앙취   위러꿍위엔

我想去百货商店。
Wǒ xiǎng qù bǎihuò shāngdiàn
워 시앙취   바이훠샹띠엔

희망

◉ 전철로 가고 싶습니다.

◉ 관광버스로 가고 싶습니다.

◉ 택시로 가고 싶습니다.

◉ 배로 가고 싶습니다.

◉ 걸어서 가고 싶습니다.

| ~로 가고 싶습니다. | 想 ~ 去 |
| | 시앙 ~ 취 |

我想坐地铁去。
Wǒ xiǎng zuò dìtiě qù
워 시앙 쭈어 띠티에취

我想坐旅游车去。
Wǒ xiǎng zuò lǚyóuchē qù
워 시앙 쭈어 뤼여우처 취

我想坐出租车去。
Wǒ xiǎng zuò chūzūchē qù
워 시앙 쭈어 추주처 취

我想坐船去。
Wǒ xiǎng zuò chuán qù
워 시앙 쭈어 추안 취

我想走着去。
Wǒ xiǎng zǒuzhe qù
워 시앙 저우져 취

희망

● 영화를 보고 싶습니다.

● 경극을 보고 싶습니다.

● 잡기를 보고 싶습니다.

● 퍼레이드를 보고 싶습니다.

● 쇼를 보고 싶습니다.

● 한 번 더 보고 싶습니다.

● 여기에서 보고 싶습니다.

보고 싶습니다. | **想看~**
시양칸~

我想看电影。
Wǒ xiǎng kàn diànyǐng
워 시앙 칸 띠엔잉

我想看京剧。
Wǒ xiǎng kàn jīngjù
워 시앙 칸 찡쮜

我想看杂技。
Wǒ xiǎng kàn zájì
워 시앙 칸 자찌

我想看游行。
Wǒ xiǎng kàn yóuxíng
워 시앙 칸 여우씽

我想看表演。
Wǒ xiǎng kàn biǎoyǎn
워 시앙 칸 비아오옌

我想再看一次。
Wǒ xiǎng zài kàn yícì
워 시앙 짜이 칸 이츠

我想在这儿看。
Wǒ xiǎng zài zhèr kàn
워 시앙 짜이쩔 칸

희망

● 냉면이 먹고 싶습니다.

● 생선 요리가 먹고 싶습니다.

● 튀긴 음식이 먹고 싶습니다.

● 마파두부가 먹고 싶습니다.

● 오리 구이가 먹고 싶습니다.

● 케이크가 먹고 싶습니다.

● 과일이 먹고 싶습니다.

● 야채를 더 먹고 싶습니다.

먹고 싶습니다. | 想吃 ~
시앙츠 ~

我想吃冷面。
Wǒ xiǎng chī lěngmiàn
워 시앙츠 렁미엔

我想吃鱼。
Wǒ xiǎng chī yú
워 시앙츠 위

我想吃油炸食物。
Wǒ xiǎng chī yóuzhà shíwù
워 시앙츠 여우짜 스우

我想吃麻婆豆腐。
Wǒ xiǎng chī mápó dòufu
워 시앙츠 마포떠우푸

我想吃烤鸭。
Wǒ xiǎng chī kǎoyā
워 시앙츠 카오야

我想吃蛋糕。
Wǒ xiǎng chī dàngāo
워 시앙츠 딴까오

我想吃水果。
Wǒ xiǎng chī shuǐguǒ
워 시앙츠 쉐이구어

我想多吃点儿蔬菜。
Wǒ xiǎng duō chī diǎnr shūcài
워 시앙 뚜어 츠 디얼 슈차이

희망

◉ 찬물이 마시고 싶습니다.

◉ 아이스커피가 마시고 싶습니다.

◉ 뜨거운 커피가 마시고 싶습니다.

◉ 차가운 음료를 마시고 싶습니다.

◉ 술이 마시고 싶습니다.

◉ 와인이 마시고 싶습니다.

◉ 한 컵 더 마시고 싶습니다.

◉ 식사 전(후)에 마시고 싶습니다.

| 마시고 싶습니다. | 想喝 ~ |
| | 시앙허 ~ |

我想喝凉水。
Wǒ xiǎng hē liángshuǐ
워 시앙허 량쉐이

我想喝冰咖啡。
Wǒ xiǎng hē bīngkāfēi
워 시앙허 삥카페이

我想喝热咖啡。
Wǒ xiǎng hē rèkāfēi
워 시앙허 러카페이

我想喝冷饮。
Wǒ xiǎng hē lěngyǐn
워 시앙허 렁인

我想喝酒。
Wǒ xiǎng hē jiǔ
워 시앙허 지우

我想喝葡萄酒。
Wǒ xiǎng hē pútáojiǔ
워 시앙허 푸타오지우

我想再喝一杯。
Wǒ xiǎng zài hē yì bēi
워 시앙 짜이 허 이뻬이

我想饭后(前)喝。
Wǒ xiǎng fàn hòu(qián) hē
워 시앙 판허우(치엔) 허

희망

◉ 별장에 묵으려고 합니다.

- -

◉ 바닷가에 있는 호텔에 묵으려고 합니다.

- -

◉ 내일부터 묵으려고 합니다.

- -

◉ 하루만 더 묵으려고 합니다.

- -

◉ 금요일부터 일요일까지 묵으려고 합니다.

- -

<table>
<tr><td>~ 하려고 합니다.</td><td>我要~
워 야오~</td></tr>
</table>

我要住在别墅。
Wǒ yào zhùzài biéshù
워 야오 쭈짜이 비에슈

我要住在海边附近的饭店。
Wǒ yào zhùzài hǎibiān fùjìn de fàndiàn
워 야오 쭈짜이 하이비엔 푸찐더 판디엔

我要从明天开始住宿。
Wǒ yào cóng míngtiān kāishǐ zhùsù
워 야오 총 밍티엔 카이스 쭈쑤

我要多住一天。
Wǒ yào duō zhù yì tiān
워 야오 뚜어쭈 이티엔

我要从星期五到星期天住宿。
Wǒ yào cóng xīngqīwǔ dào xīngqītiān zhùsù
워 야오 총 씽치우 따오 씽치티엔 쭈쑤

희망

● 더 작은 것이 필요합니다.

──────────────────────────

● 한 장 더 필요합니다.

──────────────────────────

● 이 키홀더, 15개 정도 필요합니다.

──────────────────────────

● 관광지도가 필요합니다.

──────────────────────────

● 한국어판이 필요합니다.

──────────────────────────

● 이것과 똑같은 게 필요합니다.

──────────────────────────

● 최신형이 필요합니다.

──────────────────────────

我要小点儿的。
Wǒ yào xiǎo diǎnr de
워 야오 시아오 디얼더

我还要一张。
Wǒ hái yào yì zhāng
워 하이야오 이쨩

这个钥匙环，我要十五个。
Zhè ge yàoshihuán　wǒ yào shíwǔ ge
쩌거 야오스환　　워 야오 스우 거

我要导游图。
Wǒ yào dǎoyóutú
워 야오 다오여우투

我要韩文版。
Wǒ yào Hánwénbǎn
워 야오 한원반

我要跟这个一样的。
Wǒ yào gēn zhè ge yí yàng de
워 야오 껀 쩌거　이양　더

我要最新型的。
Wǒ yào zuì xīnxíng de
워 야오 쭈이 씬씽 더

희망

◉ 조금 싸게 해 주세요.

◉ 조금 싼 것을 주세요.

◉ 조금 천천히 말해 주세요.

◉ 조금 큰 소리로 말해 주세요.

◉ 조금 앞으로 나가 주세요.

◉ 조금 앞에서 세워 주세요.

◉ 조금 이쪽으로 오세요.

조금	点(儿)
	디얼

再便宜点儿吧。
Zài piányi diǎnr ba
짜이 피엔이 디얼 바

给我便宜点儿的。
Gěi wǒ piányi diǎnr de
게이워 피엔이 디얼 더

请你慢点儿说。
Qǐng nǐ màn diǎnr shuō
칭 니 만디얼 슈어

请你大点儿声说。
Qǐng nǐ dà diǎnr shēng shuō
칭 니 따 디얼 셩 슈어

请你往前边走一点儿。
Qǐng nǐ wǎng qiánbiān zǒu yìdiǎnr
칭 니 왕 치엔비엔 저우 이디얼

请你往前走一点儿停车。
Qǐng nǐ wǎng qián zǒu yìdiǎnr tíng chē
칭 니 왕치엔저우 이디얼 팅쳐

请你往这边走一点儿。
Qǐng nǐ wǎng zhèbiān zǒu yìdiǎnr
칭 니 왕 쩌비엔 저우 이디얼

희망

◉ 좀 쉬고 싶습니다.

◉ 다 함께 가고 싶습니다.

◉ 시내를 걷고 싶습니다.

◉ 산보하고 싶습니다.

◉ 국제전화를 걸고 싶습니다.

◉ 한국에 전화를 하고 싶습니다.

◉ 달러를 바꾸고 싶습니다.

◉ 중국 문화를 체험하고 싶습니다.

我想休息一会儿。
Wǒ xiǎng xiūxi yíhuìr
워 시앙 씨우시 이훨

我想大家一起去。
Wǒ xiǎng dàjiā yìqǐ qù
워 시앙 따지아 이치 취

我想在市区走一走。
Wǒ xiǎng zài shìqū zǒu yi zǒu
워 시앙 짜이 스취 저우이저우

我想散步。
Wǒ xiǎng sànbù
워 시앙 싼뿌

我想打国际电话。
Wǒ xiǎng dǎ guójì diànhuà
워 시앙 다 구어찌 띠엔화

我想往韩国打电话。
Wǒ xiǎng wǎng Hánguó dǎ diànhuà
워 시앙 왕 한구어 다 띠엔화

我想兑换美元。
Wǒ xiǎng duìhuàn měiyuán
워 시앙 뚜이환 메이위엔

我想体验中国文化。
Wǒ xiǎng tǐyàn Zhōngguó wénhuà
워 시앙 티엔 쫑구어 원화

방향 · 장소

● 곧장 가 주세요.

● 이 길을 곧장 가면 됩니까?

● 이 길을 곧장 가면 어디입니까?

● 곧장 가면 은행이 있습니다.

● 곧장 가면 넓은 길이 나옵니다.

곧장	一直 이즈

一直往前走。
Yìzhí wǎng qián zǒu
이즈 왕치엔 저우

一直往前走就行吗?
Yìzhí wǎng qián zǒu jiù xíng ma
이즈 왕치엔 저우 지우 씽 마

一直往前走到哪儿呢?
Yìzhí wǎng qián zǒu dào nǎr ne
이즈 왕치엔 저우 따오 날 너

一直走就到银行。
Yìzhí zǒu jiù dào yínháng
이즈 저우 지우 따오 인항

一直走就到大路口。
Yìzhí zǒu jiù dào dàlù kǒu
이즈 저우 지우 따오 따루커우

 **방향 · 장소**

● 곧장 가다가 돌아 주세요.

- -

● 오른쪽으로 돌아 주세요.

- -

● 왼쪽으로 돌아 주세요.

- -

● 두 번째 모퉁이를 돌아 주세요.

- -

● 다음 신호에서 돌아 주세요.

- -

(~ 쪽으로)돌아주세요.	转 | 拐 주안 | 과이

一直往前走，然后转。
Yìzhí wǎng qián zǒu ránhòu zhuǎn
이즈 왕치엔   저우 란허우 주안

往右拐。
Wǎng yòu guǎi
왕   여우과이

往左拐。
Wǎng zuǒ guǎi
왕   주어과이

在第二个拐角转。
Zài dì èr ge guǎijiǎo zhuǎn
짜이 띠얼거 과이지아오 주안

在下个红绿灯转。
Zài xià ge hónglǜdēng zhuǎn
짜이 씨아거 홍뤼떵   주안

방향 · 장소

◉ 여기서 세워 주세요.

◉ 저기서 세워 주세요.

◉ 조금더 앞에서 세워 주세요.

◉ 저 빌딩 앞에서 세워 주세요.

◉ 조금더 가서 세워 주세요.

◉ 첫 번째 신호등에서 세워 주세요.

◉ 두 번째 신호등을 지나서 세워 주세요.

◉ 네거리 못 미쳐서 세워 주세요.

停车
팅쳐

请在这儿停车。
Qǐng zài zhèr tíngchē
칭 짜이 쩔 팅쳐

请在那儿停车。
Qǐng zài nàr tíngchē
칭 짜이 날 팅쳐

往前走一点停车。
Wǎng qián zǒu yìdiǎn tíng chē
왕치엔 저우 이디엔 팅쳐

在这座大厦前边停车。
Zài zhè zuò dàshà qiánbian tíngchē
짜이 쩌쭈어 따샤 치엔비엔 팅쳐

再开走点停车。
Zài kāizǒu diǎn tíngchē
짜이 카이저우 디엔 팅쳐

在第一个红绿灯停车。
Zài dì yí ge hónglǜdēng tíngchē
짜이 띠이거 홍뤼떵 팅쳐

过第二个红绿灯停车。
Guò dì èr ge hónglǜdēng tíngchē
꾸어 띠얼거 홍뤼떵 팅쳐

不到十字路口停车。
Búdào shízì lùkǒu tíngchē
부따오 스쯔 루커우 팅쳐

 **방향·장소**

● 이허위안에 가는 버스가 여기를 지나갑니까?

● 이허위안에 가려고 하는데, 여기서 탑니까?

● 여기서 세워 주시면 됩니다.

● 여기서 잠깐 기다려 주십시오.

● 여기에 사인해 주십시오.

● 여기서는 담배를 피울 수 없습니다.

● 이쪽으로 오십시오.

● 이곳의 특산품은 무엇입니까?

여기, 이곳, 이쪽	这儿 쩔

去颐和园的车过这儿吗?
Qù Yíhéyuán de chē guò zhèr ma
취 이허위엔 더 쳐 꾸어 쩔 마

我要去颐和园, 在这儿坐车吗?
Wǒ yào qù Yíhéyuán zài zhèr zuò chē ma
워 야오 취 이허위엔 짜이 쩔 쭈어쳐 마

在这儿停车就行。
Zài zhèr tíngchē jiù xíng
짜이 쩔 팅쳐 지우 씽

在这儿等一下。
Zài zhèr děng yíxià
짜이 쩔 덩이시아

在这儿签个名。
Zài zhèr qiān ge míng
짜이 쩔 치엔 거 밍

这儿不可以抽烟。
Zhèr bù kěyǐ chōuyān
쩔 뿌커이 쳐우옌

请这边来。
Qǐng zhèbian lái
칭 쩌비엔 라이

这儿的特产是什么?
Zhèr de tèchǎn shì shénme
쩔 더 터챤 스 션머

 **방향 · 장소**

◉ 화장실은 저쪽입니다.

◉ 자동판매기는 저쪽에 있습니다.

◉ 저기 무엇이 있습니까?

◉ 저기 보이는 것은 무엇입니까?

◉ 저기 공원 입구가 보입니다.

◉ 저쪽에서 택시가 옵니다.

◉ 저쪽에서 기다리십시오.

저기, 저곳, 저쪽 | 那儿
那儿
날

洗手间就在那儿。
Xǐshǒujiān jiù zài nàr
시셔우찌엔 지우 짜이 날

自动售货机就在那儿。
Zìdòng shòuhuòjī jiù zài nàr
쯔똥셔우훠지 지우 짜이 날

那儿有什么呢?
Nàr yǒu shénme ne
날 여우 션머 너

那边看到的是什么?
Nà biān kàndào de shì shénme
나비엔 칸따오 더 스 션머

看见那儿的公园门口。
Kànjiàn nàr de gōngyuán ménkǒu
칸지엔 날더 꿍위엔 먼커우

那边开来出租车。
Nàbiān kāilái chūzūchē
나비엔 카이라이 츄주처

在那儿等吧。
Zài nàr děng ba
짜이 날 덩 바

 **방향 · 장소**

● 반대쪽에서 기다리세요.

● 역에 가는 버스는 반대쪽에서 옵니다.

● 서점은 반대쪽에 있습니다.

● 주유소는 역 맞은편입니다.

| 반대쪽, 맞은편 | 对面 |
| | 뚜이미엔 |

在对面等吧。
Zài duìmiàn děng ba
짜이 뚜이미엔 덩 바

去火车站的车从对面来。
Qù huǒchēzhàn de chē cóng duìmiàn lái
취 훠쳐짠   더 쳐 총 뚜이미엔 라이

书店在对面。
Shūdiàn zài duìmiàn
슈디엔 짜이 뚜이미엔

加油站在火车站对面。
Jiāyóuzhàn zài huǒchēzhàn duìmiàn
지아여우짠 짜이 훠쳐짠 뚜이미엔

방향 · 장소

◉ 편의점 안에 공중전화가 있습니까?

◉ 이 빵 속에 무엇이 들어 있습니까?

◉ 가방 안에는 무엇이 있습니까?

◉ 냉장고 안이 비어 있습니다.

◉ 요금은 상자 안에 넣어 주십시오.

◉ 이 놀이기구 중에서 가장 재미있는 것은
   어떤 것입니까?

便利店里有公用电话吗?
Biànlìdiànli   yǒu gōngyòng diànhuà ma
삐엔리디엔리 여우 꿍용띠엔화   마

这个面包里面有什么呢?
Zhè ge miànbāo lǐmiàn yǒu shénme ne
쩌거 미엔빠오리미엔 여우 션머 너

皮包里面有什么东西?
Píbāo lǐmiàn yǒu shénme dōngxi
피빠오 리미엔 여우 션머 똥시

冰箱里没有什么东西。
Bīngxiāngli méiyǒu shénme dōngxi
삥시앙리   메이여우 션머 똥시

请把钱放在箱子里。
Qǐng bǎ qián fàng zài xiāngzi li
칭 바 치엔 팡 짜이 시앙즈리

这些娱乐游戏中最好玩儿的是什么?
Zhè xiē yúlè yóuxì zhōng zuì hǎowánr de shì shénme
쩌시에 위러여우시 쭝   쭈이 하오왈 더 스 션머

 **방향 · 장소**

● 조금 앞으로 나오세요.

● 슈퍼마켓 앞에 버스 정류장이 있습니다.

● 약국은 빵집 앞에 있습니다.

● 과일가게는 바로 앞에 있습니다.

● 엘리베이터는 이 뒤에 있습니다.

● 더 뒤로 가세요.

● 뒤에 줄 서 주세요.

● 위로 올라가세요.

往前边走一点儿。
Wǎng qiánbian zǒu yìdiǎnr
왕   치엔비엔 저우 이디얼

超市 前边 有车站。
Chāoshì qiánbian yǒu chēzhàn
차오스 치엔비엔 여우 쳐짠

药店在 面包店 前边。
Yàodiàn zài miànbāodiàn qiánbian
야오디엔 짜이 미엔빠오디엔 치엔비엔

水果店 就在前边。
Shuǐguǒdiàn jiù zài qiánbian
쉐이구어디엔 지우 짜이 치엔비엔

电梯在这后边。
Diàntī zài zhè hòubian
띠엔티 짜이 쪄 허우비엔

往后边走一点儿。
Wǎng hòubian zǒu yìdiǎnr
왕   허우비엔 저우 이디얼

后边,请排队。
Hòubian qǐng páiduì
허우비엔 칭 파이뚜이

请上楼 去。
Qǐng shàng lóu qu
칭   상러우 취

 **방향 · 장소**

● 짐은 테이블 위에 놓아 주세요.

● 아래로 내려가세요.

● 아래(층)는 레스토랑입니다.

앞, 뒤, 위, 아래	前 , 后 , 上 , 下
	치엔 허우 샹 시아

把行李放在桌子上。
Bǎ xíngli fàng zài zhuōzi shang
바 씽리 팡짜이 쭈어즈 샹

请下楼去。
Qǐng xià lóu qu
칭 시아러우 취

下楼是餐厅。
Xiàlóu shì cāntīng
시아러우 스 찬팅

 **방향·장소**

● 이 근처에 문구점이 있습니까?

● 이 근처에 공원이 있습니까?

● 이 근처에 세탁소가 있습니까?

● 이 근처에 택시 타는 곳이 있습니까?

● 이 근처에 버스 정류장이 있습니까?

● 이 근처에 역이 있습니까?

● 이 근처에 우체국이 있습니까?

● 이 근처에 은행이 있습니까?

这附近有文具店吗?
Zhè fùjìn yǒu wénjùdiàn ma
쩌 푸찐 여우 원쮜디엔 마

这附近有公园吗?
Zhè fùjìn yǒu gōngyuán ma
쩌 푸찐 여우 꽁위엔 마

这附近有洗衣店吗?
Zhè fùjìn yǒu xǐyīdiàn ma
쩌 푸찐 여우 시이디엔 마

这附近有出租车站吗?
Zhè fùjìn yǒu chūzūchēzhàn ma
쩌 푸찐 여우 추주쳐짠 마

这附近有公共汽车站吗?
Zhè fùjìn yǒu gōnggòngqìchē zhàn ma
쩌 푸찐 여우 꽁꽁치쳐짠 마

这附近有火车站吗?
Zhè fùjìn yǒu huǒchēzhàn ma
쩌 푸찐 여우 훠쳐짠 마

这附近有邮局吗?
Zhè fùjìn yǒu yóujú ma
쩌 푸찐 여우 여우쥐 마

这附近有银行吗?
Zhè fùjìn yǒu yínháng ma
쩌 푸찐 여우 인항 마

 **방향 · 장소**

● 멀리 보이는 것은 무엇입니까?

● 톈안먼은 여기서 멉니까?

● 조금 멉니다.

● 그렇게 멀지 않습니다.

● 잘 안 보입니다.

● 멀기 때문에 걸어서 갈 수 없습니다.

● 좀 멀지만 가 볼 만합니다.

먼 곳, 멀리	远 위엔

从远处看见的是什么?
Cóng yuǎnchù kànjiàn de shì shénme
총 위엔추 칸지엔 더 스 션머

天安门离这儿远吗?
Tiān'ānmén lí zhèr yuǎn ma
티엔안먼 리 쩔 위엔 마

有点儿远。
Yǒudiǎnr yuǎn
여우디얼 위엔

不太远。
Bú tài yuǎn
부타이 위엔

看不清楚。
Kàn bu qīngchu
칸 부칭추

很远。不能走着去。
Hěn yuǎn Bù néng zǒuzhe qù
헌 위엔 뿌넝 저우져 취

有点儿远，不过值得去一次。
Yǒudiǎnr yuǎn búguò zhídé qù yí cì
여우디얼 위엔 부꾸어 즈더 취 이츠

 시간 · 때

● 몇 시에 출발합니까?

● 몇 시에 역에 도착합니까?

● 몇 시에 시작합니까?

● 몇 시에 끝납니까?

● 몇 시에 모입니까?

● 몇 시에 돌아옵니까?

● 몇 시에 가는 것이 좋을까요?

몇 시에	几点 지디엔

几点出发?
Jǐ diǎn chūfā
지디엔 추파

几点到站?
Jǐ diǎn dào zhàn
지디엔 따오 짠

几点开始?
Jǐ diǎn kāishǐ
지디엔 카이스

几点结束?
Jǐ diǎn jiéshù
지디엔 지에슈

几点集合?
Jǐ diǎn jíhé
지디엔 지허

几点回来?
Jǐ diǎn huílai
지디엔 후이라이

几点走好呢?
Jǐ diǎn zǒu hǎo ne
지디엔 저우 하오 너

시간 · 때

● 공항까지 1시간 정도 걸립니다.

● 여기서 역까지는 7분 정도 걸립니다.

● 전철로는 몇 분 정도 걸립니까?

● 서점까지 걸어가면 몇 분 정도 걸립니까?

● 며칠 정도 걸립니까?

● 시간이 조금 걸립니다.

● 비용이 비싼 편입니다.

(시간, 날짜, 비용 등이) 걸립니다.(걸립니까?)	要 | 得
	야오 | 데이

到飞机场大概要一个小时。
Dào fēijīchǎng dàgài yào yí ge xiǎoshí
따오 페이지창 따까이 야오 이거 시아오스

火车站离这儿大概得七分钟。
Huǒchēzhàn lí zhèr dàgài děi qī fēnzhōng
훠쳐쨘 리쩔 따까이 데이 치펀종

坐地铁去大概得几分钟呢?
Zuò dìtiě qù dàgài děi jǐ fēnzhōng ne
쭈어 띠티에 취 따까이 데이 지펀종 너

到书店走着去大概得几分钟呢?
Dào shūdiàn zǒuzhe qù dàgài děi jǐ fēnzhōng ne
따오 슈디엔 저우져 취 따까이 데이 지펀종 너

大概要几天?
Dàgài yào jǐtiān
따까이 야오 지티엔

要花一点时间。
Yào huā yì diǎn shíjiān
야오 화 이디엔 스지엔

费用比较贵。
Fèiyòng bǐjiào guì
페이용 비지아오 꾸이

시간·때

● 저 시계 맞아요?

● 저 시계는 조금 빠릅니다.

● 저 시계는 조금 느립니다.

● 제 시계는 정확합니다.

● 시계가 멈췄습니다.

시계	**钟**(괘종시계)	**表**(손목시계)
	쫑	비아오

这个钟走得准吗?
Zhè ge zhōng zǒu de zhǔn ma
쩌거 쫑 저우더 준 마

这个钟走得比较快。
Zhè ge zhōng zǒu de bǐjiào kuài
쩌거 쫑 저우더 비지아오 콰이

这个钟走得比较慢。
Zhè ge zhōng zǒu de bǐjiào màn
쩌거 쫑 저우더 비지아오 만

我的表走得真准。
Wǒ de biǎo zǒu de zhēn zhǔn
워더 비아오 저우더 쩐 준

钟停了。
Zhōng tíng le
쫑 팅 러

 시간 · 때

◉ 지금 몇 시입니까?

◉ 3시입니다.

◉ 4시 5분 전입니다.

◉ 8시를 넘었습니다.

◉ 아침 6시에 깨워 주세요.

◉ 내일 오전 중에 시간 있습니까?

◉ 일요일 오후는 한가합니다.

◉ 출발 시간은 아직 멀었습니까?

그 외 시간에 관련된 표현

现在几点?
Xiànzài jǐ diǎn
시엔짜이 지디엔

- -

三点。
Sān diǎn
싼디엔

- -

差五分四点。
Chà wǔ fēn sì diǎn
차 우펀 쓰디엔

- -

过八点了。
Guò bā diǎn le
꾸어 빠디엔 러

- -

早上六点，叫醒我。
Zǎoshang liù diǎn jiàoxǐng wǒ
자오샹 리우디엔 찌아오씽 워

- -

明天上午有时间吗?
Míngtiān shàngwǔ yǒu shíjiān ma
밍티엔 샹우 여우 스지엔 마

- -

星期天下午有空。
Xīngqītiān xiàwǔ yǒu kòng
씽치티엔 시아우 여우 콩

- -

离发车还远吗?
Lí fāchē hái yuǎn ma
리 파처 하이위엔 마

- -

 **시간 · 때**

● (정해진 시간이) 아직 멀었습니다.

● (정해진 시간이) 다 되어 갑니다.

● 늦어서 미안합니다.

● 영업시간은 몇 시부터 몇 시까지입니까?

● 오후 4시까지는 15분이나 남았습니다.

● 약속시간까지 10분밖에 남지 않았습니다.

● 오전 11시 반까지 모이세요.

还远呢。
Hái yuǎn ne
하이 위엔 너

时间快到了。
Shíjiān kuài dào le
스지엔 콰이따오 러

对不起，我迟到了。
Duìbuqǐ　wǒ chídào le
뚜이부치　워 츠따오 러

营业时间从几点到几点?
Yíngyè shíjiān cóng jǐ diǎn dào jǐ diǎn
잉예　스지엔 총　지디엔 따오 지디엔

离下午四点还剩下十五分钟。
Lí xiàwǔ　sì diǎn hái shèngxià shí wǔ fēnzhōng
리 시아우 쓰디엔 하이 셩시아 수우　펀종

离约会时间只有十分钟。
Lí yuēhuì shíjiān zhǐyǒu shí fēnzhōng
리 위에후이 스지엔 즈여우 스 펀종

到上午十一点集合。
Dào shàngwǔ shíyī diǎn jíhé
따오 샹우　스이디엔 지허

 **증세**

◉ 몸이 불편합니다.

◉ 멀미가 납니다.

◉ 기침이 납니다.

◉ 콧물이 납니다.

◉ 열도 납니다.

◉ 배탈이 났습니다.

◉ 설사가 심합니다.

◉ 구역질이 납니다.

我身体不太舒服。
Wǒ shēntǐ bú tài shūfu
워 션티 부타이 슈푸

我晕车。
Wǒ yūnchē
워 윈쳐

咳嗽。
Késòu
커써우

流鼻涕。
Liú bítì
리우 비티

也发烧。
Yě fāshāo
예 파샤오

闹肚子了。
Nào dùzi le
나오 뚜쯔 러

肚子泻得很厉害。
Dùzi xiè de hěn lìhài
뚜즈 씨에더 헌 리하이

我想吐。
Wǒ xiǎng tù
워 시앙 투

증세

● 식욕이 없습니다.

● 편도선이 부었습니다.

● 뼈 마디마디가 아파요.

● 통증이 심합니다.

● 머리가 깨질 것처럼 아파요.

● 여기가 아파요.

● 다 나았습니다.

没有胃口。
Méiyǒu wèikǒu
메이여우 웨이커우

扁桃腺 肿了。
Biǎntáoxiàn zhǒng le
삐엔타오씨엔 종 러

浑身 骨头 酸。
Húnshēn gǔtou suān
훈션　구터우 쑤안

疼痛很重。
Téngtòng hěn zhòng
텅퉁　헌 쭝

头疼得像 要 裂开 一样。
Tóu téng de xiàng yào lièkāi yíyàng
터우 텅더 씨앙　야오 리에카이 이양

这里疼。
Zhèli téng
쩌리 텅

都好了。
Dōu hǎo le
떠우 하오 러

 외상

◉ 다쳤습니다.

◉ 삐었습니다.

◉ 부딪쳤습니다.

◉ 넘어졌습니다.

◉ 미끄러졌습니다.

◉ 벌레에 물렸습니다.

◉ 무릎이 까졌습니다.

◉ 곪았습니다.

受伤了。
Shòushāng le
셔우샹 러

扭了。
Niǔ le
니우 러

撞倒了。
Zhuàngdǎo le
쮸앙다오 러

摔倒了。
Shuāidǎo le
슈아이다오 러

滑倒了。
Huádǎo le
화다오 러

被虫子咬了。
Bèi chóngzi yǎo le
뻬이 츙즈 야오 러

擦伤了。
Cāshāng le
차샹 러

化脓了。
Huànóng le
화농 러

어·휘

승차

열차	列车 lièchē 리에쳐
지하철	地铁 dìtiě 띠티에
전철	电车 diànchē 띠엔쳐
편도	单程 dānchéng 딴청
왕복	往返 wǎngfǎn 왕판 ㅣ 来回 láihuí 라이후이
금연석	禁烟席 jìnyānxí 찐옌씨
표	票 piào 피아오
표 파는 곳	售票处 shòupiàochù 셔우피아오추
플랫폼	站台 zhàntái 짠타이
갈아타기	换车 huàn chē 환쳐
~선	线 xiàn 씨엔
~행	开往 kāiwǎng 카이왕
~방면	方面 fāngmiàn 팡미엔
출발	出发 chūfā 츄파
도착	到达 dàodá 따오다

개찰구	检票处 jiǎnpiàochù 지엔피아오추
다음 역	下一站 xià yí zhàn 씨아이짠
상행선	上行线 shànghángxiàn 샹항씨엔
하행선	下行线 xiàhángxiàn 씨아항씨엔
정산소	收费站 shōufèizhàn 셔우페이짠
택시	出租汽车 chūzū qìchē 츄주치쳐
	计程车 jìchéngchē 찌청쳐
버스	公共汽车 gōnggòng qìchē 꽁꽁치쳐
	巴士 bāshì 빠스
요금	车费 chēfèi 쳐페이
잔돈	零钱 língqián 링치엔
빠르다	快 kuài 콰이
느리다	慢 màn 만

길	街 jiē 지에 ┃ 路 lù 루
다리	桥 qiáo 치아오
횡단보도	人行横道 rénxíng héngdào 런씽헝따오
육교	天桥 tiānqiáo 티엔치아오
도로	公路 gōnglù 꽁루
계단	楼梯 lóutī 러우티
막다른 곳	死路 sǐlù 쓰루
길모퉁이	拐角 guǎijiǎo 과이지아오
네거리	十字路口 shízì lùkǒu 스쯔루커우
신호	信号 xìnhào 씬하오
	红绿灯 hónglǜdēng 홍뤼떵
간판	牌子 páizi 파이즈
상점	商店 shāngdiàn 샹띠엔
빌딩	大厦 dàshà 따샤
택시 타는 곳	出租车站 chūzūchēzhàn 츄주쳐짠

버스 정류장	车站 chēzhàn 쳐짠
역	站 zhàn 짠
파출소	派出所 pàichūsuǒ 파이츄수어
경찰관	警察 jǐngchá 징차

호텔

예약	预订 yùdìng 위띵
프런트	服务台 fúwùtái 푸우타이
체크인	登记开房 dēngjì kāi fáng 떵지카이팡
체크아웃	退房 tuì fáng 투이팡
방	房间 fángjiān 팡지엔
열쇠	钥匙 yàoshi 야오스
귀중품	贵重物品 guìzhòng wùpǐn 꾸이쫑우핀
타월	手巾 shǒujīn 셔우진
옷걸이	衣架 yījià 이지아
담요	毛毯 máotǎn 마오탄
베개	枕头 zhěntou 전토우
시트	被单 bèidān 뻬이딴
칫솔	牙刷 yáshuā 야수아
치약	牙膏 yágāo 야까오
비누	肥皂 féizào 페이짜오

거울	镜子 jìngzi 찡즈
드라이어	吹风机 chuīfēngjī 추이펑지
컵	杯子 bēizi 뻬이즈
청소	打扫 dǎsǎo 다사오
식당	食堂 shítáng 스탕 ┃ 餐厅 cāntīng 찬팅
영수증	收据 shōujù 셔우쥐 ┃ 收条 shōutiáo 셔우티아오
서비스료	服务费 fúwùfèi 푸우페이
세금	税金 shuìjīn 쉐이찐
요금	收费 shōufèi 셔우페이
부가 요금	附加收费 fùjiā shōufèi 푸지아 셔우페이
전화	电话 diànhuà 띠엔화
국제전화	国际电话 guójì diànhuà 구어찌 띠엔화
모닝콜	叫醒服务 jiàoxǐng fúwù 찌아오싱 푸우
연락	联系 liánxì 리엔씨

식사

아침 식사	早饭 zǎofàn 자오판 | 早餐 zǎocān 자오찬
점심 식사	午饭 wǔfàn 우판 | 午餐 wǔcān 우찬
저녁 식사	晚饭 wǎnfàn 완판 | 晚餐 wǎncān 완찬
일본요리	日本菜 Rìběn cài 르번 차이
한국요리	韩国菜 Hánguó cài 한구어 차이
중국요리	中国菜 Zhōngguó cài 쭝구어 차이
주문	点菜 diǎn cài 디엔 차이
메뉴	菜单 càidān 차이딴
햄버거	汉堡包 hànbǎobāo 한바오빠오
스파게티	意大利面 yìdàlì miàn 이따리 미엔
카레라이스	咖喱饭 gālí fàn 카리판
필래프	咖喱炒饭 gālí chǎofàn 까리챠오판
오믈렛	蛋卷米饭 dànjuàn mǐfàn 딴쥐엔 미판
샐러드	沙拉 shālā 샤라
생선	鱼 yú 위

게	螃蟹 pángxiè 팡씨에
초밥	寿司 shòusī 셔우쓰
쇠고기	牛肉 niúròu 니우러우
돼지고기	猪肉 zhūròu 쮸러우
닭고기	鸡肉 jīròu 찌러우
불고기	烤肉 kǎoròu 카오러우
야채	蔬菜 shūcài 슈차이
밥	米饭 mǐfàn 미판
전골	荤杂烩 hūnzáhuì 훈자후이
샤브샤브	火锅 huǒguō 후어꾸어
꼬치구이	串儿 chuàr 추알
달걀	鸡蛋 jīdàn 찌딴
두부	豆腐 dòufu 떠우푸
된장국	大酱汤 dàjiàngtāng 따찌앙탕

식사

음료수	饮料 yǐnliào 인리아오
물	水 shuǐ 쉐이
냉수	凉水 liángshuǐ 량쉐이
맥주	啤酒 píjiǔ 피지우
와인	葡萄酒 pútáojiǔ 푸타오지우
콜라	可乐 kělè 커러
주스	果汁 guǒzhī 구어즈
커피	咖啡 kāfēi 카페이
차	茶 chá 차
홍차	红茶 hóngchá 홍차
후식	甜点 tiándiǎn 티엔디엔
과일	水果 shuǐguǒ 쉐이구어
아이스크림	冰淇淋 bīngqílín 삥치린
설탕	糖 táng 탕
소금	盐 yán 옌

후추	胡椒 hújiāo 후지아오	
간장	酱油 jiàngyóu 찌앙여우	
물수건	湿手巾 shīshǒujīn 스셔우찐	
컵	杯子 bēizi 뻬이즈	
접시	碟子 diézi 디에즈	
젓가락	筷子 kuàizi 콰이즈	
숟가락	汤勺 tāngsháo 탕샤오	
나이프	餐刀 cāndāo 찬따오	
포크	叉子 chāzi 차즈	
화장실	卫生间 wèishēngjiān 웨이셩찌엔	
	洗手间 xǐshǒujiān 시셔우찌엔	
계산	结帐 jié zhàng 지에쨩	
영수증	收据 shōujù 셔우쥐	
간이 영수증	简易收据 jiǎnyì shōujù 지엔이셔우쥐	

맛

달다	甜 tián 티엔
시다	酸 suān 쑤안
맵다	辣 là 라
짜다	咸 xián 시엔
쓰다	苦 kǔ 쿠
떫다	涩 sè 써
싱겁다	淡 dàn 딴
맛있다	好吃 hǎochī 하오츠
맛없다	不好吃 bù hǎochī 뿌 하오츠

관광

여행안내소	旅行服务台 lǚxíng fúwùtái 뤼싱 푸우타이
팸플릿	小册子 xiǎocèzi 시아오 처쯔
입장료	门票 ménpiào 먼 피아오
표 파는 곳	售票处 shòupiàochù 셔우피아오추
표	票 piào 피아오
~장	张 zhāng 쨩
어른	大人 dàrén 따런
어린이	儿童 értóng 얼통 ㅣ 小孩 xiǎoháir 시아오할
매진되다	卖光 màiguāng 마이꽝
관광버스	旅游车 lǚyóuchē 뤼요우쳐
케이블카	缆车 lǎnchē 란쳐
미술관	美术馆 měishùguǎn 메이슈관
박물관	博物馆 bówùguǎn 보우관
동물원	动物园 dòngwùyuán 똥우위엔
식물원	植物园 zhíwùyuán 즈우위엔

관광

놀이동산	娱乐公园 yúlè gōngyuán	위러꿍위엔
유람선	游览船 yóulǎnchuán	여우란추안
영화관	电影院 diànyǐngyuàn	띠엔잉위엔
극장	剧场 jùchǎng	쥐창
개관	开馆 kāi guǎn	카이관
폐관	闭馆 bì guǎn	삐관
온천	温泉 wēnquán	원취엔
섬	岛 dǎo	다오
절	寺庙 sìmiào	쓰미아오
성	城 chéng	청
산	山 shān	샨
바다	海 hǎi	하이
축제	联欢会 liánhuānhuì	리엔환후이
불꽃놀이	烟火游戏 yānhuǒ yóuxì	이엔훠여우시
사진	照片 zhàopiàn	쨔오피엔

필름	胶卷 jiāojuǎn 찌아오주엔	
촬영 금지	禁止拍照 jìnzhǐ pāizhào 찐즈파이쨔오	
그림엽서	美术明信片 měishù míngxìnpiàn 메이슈밍씬피엔	
선물	礼物 lǐwù 리우	
당일코스	当天旅游 dāngtiān lǚyóu 땅티엔 뤼여우	
관광명소	旅游景点 lǚyóu jǐngdiǎn 뤼여우 징디엔	

쇼핑

매장	商店 shāngdiàn 샹디엔
상가	商街 shāngjiē 샹지에
백화점	百货商店 bǎihuò shāngdiàn 바이훠 샹디엔
편의점	便利店 biànlìdiàn 삐엔리디엔
색깔	颜色 yánsè 옌써

전화

공중전화	公用电话 gōngyòng diànhuà	꽁용 띠엔화
국제전화	国际电话 guójì diànhuà	구어찌 띠엔화
전화번호	电话号码 diànhuà hàomǎ	띠엔화 하오마
국가번호	国际区号 guójì qūhào	구어찌 취하오
지역번호	地区号 dìqūhào	띠취하오
전화카드	电话卡 diànhuàkǎ	띠엔화카
내선	内线 nèixiàn	네이씨엔
교환원	话务员 huàwùyuán	화우위엔
통화 중	占线 zhànxiàn	짠씨엔
외출 중	不在 bú zài	외출중
전언	留言 liúyán	리우옌
여보세요	喂 wéi	웨이

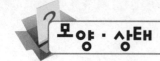

모양 · 상태

무거운	重 zhòng	쫑
가벼운	轻 qīng	칭
큰	大 dà	따
작은	小 xiǎo	시아오
긴	长 cháng	챵
짧은	短 duǎn	뚜안
높은	高 gāo	까오
낮은	低 dī	띠
굵은	粗 cū	추
가는	细 xì	시
넓은	宽 kuān	콴
좁은	窄 zhǎi	자이
두꺼운	厚 hòu	허우
얇은	薄 báo	바오
많은	多 duō	뚜어

적은	少 shǎo 샤오	
헐렁한	松 sōng 쏭	
꽉 끼는	紧 jǐn 진	
밝은	亮 liàng 량	
어두운	暗 àn 안	
둥근	圆 yuán 위엔	
네모난	方 fāng 팡	
새로운	新 xīn 씬	
낡은	旧 jiù 지우	
화려한	花哨 huāshao 화샤오	
수수한	朴素 pǔsù 푸쑤	
같은	一样 yíyàng 이양	
다른	不一样 bù yíyàng 뿌이양	

편지 · 소포

우체국	邮局 yóujú	여우쥐
우표	邮票 yóupiào	여우피아오
엽서	明信片 míngxìnpiàn	밍씬피엔
편지지	信纸 xìnzhǐ	씬즈
봉투	信封 xìnfēng	씬펑
수신인	收信人 shōuxìnrén	셔우씬런
우편번호	邮政编码 yóuzhèng biānmǎ	여우쩡삐엔마
편지	信 xìn	씬
전보	电报 diànbào	띠엔빠오
등기우편	挂号邮件 guàhào yóujiàn	꽈하오 여우찌엔
빠른우편	快信 kuàixìn	콰이씬
국제우편	国际邮件 guójì yóujiàn	구어찌 여우찌엔
국제특급우편	国际快信 guójì kuàixìn	구어찌 콰이씬
항공우편	航空邮件 hángkōng yóujiàn	항콩여우찌엔
	空邮 kōngyóu	콩여우

선박우편	船邮 chuányóu 추안여우
인쇄물	印刷物 yìnshuāwù 인슈아우
우체통	信箱 xìnxiāng 씬시앙
우체부	邮递员 yóudìyuán 여우띠위엔

은행

은행	银行 yínháng	인항
외국환	外币 wàibì	와이삐
오늘의 환율	今天的兑换率 jīntiān de duìhuànlǜ 진티엔 더 뚜이환뤼	
환전	换钱 huàn qián	환치엔
수수료	佣金 yòngjīn	용진
	手续费 shǒuxùfèi	셔우쉬페이
현금	现金 xiànjīn	씨엔진
수표	支票 zhīpiào	즈피아오
여행자수표	旅行支票 lǚxíng zhīpiào	뤼씽즈피아오
~번 창구	~号的窗口 ~ hào de chuāngkǒu 하오 더 츄앙커우	

색깔

빨간색	红色 hóngsè 홍써
파란색	蓝色 lánsè 란써
노란색	黄色 huángsè 황써
초록색	绿色 lǜsè 뤼써
흰색	白色 báisè 바이써
검은색	黑色 hēisè 헤이써
분홍색	粉红色 fěnhóngsè 펀홍써
자색	紫色 zǐsè 즈써
갈색	棕色 zōngsè 쭝써
주황색	橘黄色 júhuángsè 쥐황써
옅은	浅 qiǎn 치엔
짙은	深 shēn 션

병원 · 약국

병원	医院 yīyuàn 이위엔
의사	医生 yīshēng 이셩 ㅣ 大夫 dàifu 따이푸
간호사	护士 hùshì 후스
주사	打针 dǎ zhēn 따쩐
약	药 yào 야오
체온	体温 tǐwēn 티원
혈압	血压 xuèyā 쉐야
엑스레이	X 光片 X guāngpiàn 엑스 꽝피엔
커튼	窗帘 chuānglián 츄앙리엔
열	热 rè 러
두통	头疼 tóuténg 터우텅
복통	肚子疼 dùziténg 뚜즈텅
감기	感冒 gǎnmào 간마오
변비	便秘 biànmì 삐엔미
설사	拉肚子 lā dùzi 라뚜즈

소화불량	消化不良 xiāohuà bùliáng 시아오화 뿌량	
재채기하다	打喷嚏 dǎ pēntì 다펀티	
콧물	鼻涕 bítì 비티	
기침	咳嗽 késòu 커써우	
구역질	恶心 ě xin 어씬	
현기증	头晕 tóu yūn 터우윈	
상처	伤口 shāngkǒu 샹커우	
연고	软膏 ruǎngāo 루안까오	
반창고	胶布 jiāobù 찌아오뿌	
붕대	绷带 bēngdài 뻥따이	
식전	饭前 fàn qián 판치엔	
식후	饭后 fàn hòu 판허우	
식간	饭间 fàn jiān 판지엔	
하루 한 번	一天一次 yì tiān yí cì 이티엔 이츠	
~시간마다	每~小时 měi ~ xiǎoshí 메이 ~ 시아오스	

우리 몸

머리	头 tóu 터우
머리카락	头发 tóufa 터우파
목	脖子 bózi 보즈
가슴	胸 xiōng 씨옹
배	肚子 dùzi 뚜즈
등	背部 bèibù 뻬이뿌
팔	胳膊 gēbo 꺼보
손	手 shǒu 셔우
손가락	手指 shǒuzhǐ 셔우즈
손톱	手指甲 shǒuzhǐjiǎ 셔우즈지아
손목	手腕 shǒuwàn 셔우완
발	脚 jiǎo 지아오
발목	脚腕子 jiǎowànzi 지아오완즈
눈	眼睛 yǎnjing 옌징
코	鼻子 bízi 비즈

입	嘴 zuǐ 주이	
귀	耳朵 ěrduo 얼뚜어	
위	胃 wèi 웨이	
목구멍	嗓子 sǎngzi 상즈	
이	牙齿 yáchǐ 야츠	

방향

동	东边 dōngbian	똥비엔
서	西边 xībian	씨비엔
남	南边 nánbian	난비엔
북	北边 běibian	베이비엔
이쪽	这边 zhèbian	쩌비엔
저쪽 | 그쪽	那边 nàbian	나비엔
오른쪽	右边 yòubian	여우비엔
왼쪽	左边 zuǒbian	주어비엔
위	上边 shàngbian	샹비엔
아래	下边 xiàbian	씨아비엔
옆	旁边 pángbian	팡비엔
중간	中间 zhōngjiān	쫑찌엔
앞	前边 qiánbian	치엔비엔
뒤	后边 hòubian	허우비엔
어느 쪽	哪边 nǎbiān	나비엔

계절

봄	春天 chūntiān	춘티엔
여름	夏天 xiàtiān	씨아티엔
가을	秋天 qiūtiān	치우티엔
겨울	冬天 dōngtiān	똥티엔

날씨 · 기온

날씨, 일기	天气 tiānqì 티엔치
맑음	晴 qíng 칭
흐림	阴 yīn 인
비	雨 yǔ 위
눈	雪 xuě 쉐
바람	风 fēng 펑
덥다	热 rè 러
무덥다	炎热 yánrè 옌러
춥다	冷 lěng 렁
따뜻하다	暖和 nuǎnhuo 누안훠
시원하다	凉快 liángkuài 량콰이

숫자

1	一 yī 이
2	二(两) èr(liǎng) 얼(량)
3	三 sān 싼
4	四 sì 쓰
5	五 wǔ 우
6	六 liù 리우
7	七 qī 치
8	八 bā 빠
9	九 jiǔ 지우
10	十 shí 스
11	十一 shíyī 스이
12	十二 shí'èr 스얼
13	十三 shísān 스싼
14	十四 shísì 스쓰
15	十五 shíwǔ 스우

숫자

16	十六 shíliù	스리우
17	十七 shíqī	스치
18	十八 shíbā	스빠
19	十九 shíjiǔ	스지우
20	二十 èrshí	얼스
21	二十一 èrshíyī	얼스이
30	三十 sānshí	싼스
31	三十一 sānshíyī	싼스이
40	四十 sìshí	쓰스
41	四十一 sìshíyī	쓰스이
50	五十 wǔshí	우스
51	五十一 wǔshíyī	우스이
60	六十 liùshí	리우스
61	六十一 liùshíyī	리우스이
70	七十 qīshí	치스

71	七十一 qīshíyī 치스이
80	八十 bāshí 빠스
81	八十一 bāshíyī 빠스이
90	九十 jiǔshí 지우스
91	九十一 jiǔshíyī 지우스이
100	一百 yìbǎi 이바이
200	二百 èrbǎi 얼바이
300	三百 sānbǎi 싼바이
1,000	一千 yìqiān 이치엔
2,000	两千 liǎngqiān 량치엔
10,000	一万 yíwàn 이완
20,000	两万 liǎngwàn 량완
1,000,000	一百万 yìbǎiwàn 이바이완
10,000,000	一千万 yìqiānwàn 이치엔완
100,000,000	一亿 yíyì 이이

여러 가지 수 헤아리기

○ 개수

1개	一个 yí ge	이거
2개	两个 liǎng ge	량거
3개	三个 sān ge	싼거
4개	四个 sì ge	쓰거
5개	五个 wǔ ge	우거
6개	六个 liù ge	리우거
7개	七个 qī ge	치거
8개	八个 bā ge	빠거
9개	九个 jiǔ ge	지우거
10개	十个 shí ge	스거
11개	十一个 shíyī ge	스이거
12개	十二个 shí'èr ge	스얼거
몇 개	几个 jǐge	지거

○ 충수

지하	地下 dìxià	띠시아
옥상	楼顶 lóudǐng	러우딩
1층	一楼 yī lóu	이러우
2층	二楼 èr lóu	얼러우
3층	三楼 sān lóu	싼러우
4층	四楼 sì lóu	쓰러우
5층	五楼 wǔ lóu	우러우
6층	六楼 liù lóu	리우러우
몇 층	几楼 jǐ lóu	지러우

여러 가지 수 헤아리기

○ **사람**

한 사람	一个人 yí ge rén 이거런
두 사람	两个人 liǎng ge rén 량거런
세 사람	三个人 sān ge rén 싼거런
네 사람	四个人 sì ge rén 쓰거런
몇 사람	几个人 jǐ ge rén 지거런

○ **종이 / 엽서 / 우표 / 접시 / 손수건 / 입장권**

1장	一张 yì zhāng 이짱
2장	两张 liǎng zhāng 량짱
3장	三张 sān zhāng 싼짱
4장	四张 sì zhāng 쓰짱
몇 장	几张 jǐ zhāng 지짱

○ 책 / 공책

1권	一本 yì běn 이번
2권	两本 liǎng běn 량번
3권	三本 sān běn 싼번
4권	四本 sì běn 쓰번
몇 권	几本 jǐ běn 지번

○ 라디오 / 카메라 / 텔레비전

1대	一台 yì tái 이타이
2대	两台 liǎng tái 량타이
3대	三台 sān tái 싼타이
4대	四台 sì tái 쓰타이
몇 대	几台 jǐ tái 지타이

여러 가지 수 헤아리기

○ 병

1병	一瓶 yì píng 이핑
2병	两瓶 liǎng píng 량핑
3병	三瓶 sān píng 싼핑
4병	四瓶 sì píng 쓰핑
5병	五瓶 wǔ píng 우핑
6병	六瓶 liù píng 리우핑
몇 병	几瓶 jǐ píng 지핑

○ 잔

1잔	一杯 yì bēi 이뻬이
2잔	两杯 liǎng bēi 량뻬이
3잔	三杯 sān bēi 싼뻬이
4잔	四杯 sì bēi 쓰뻬이
몇 잔	几杯 jǐ bēi 지뻬이

○ 화폐 (금액)

1콰이	一块钱 yí kuài qián 이콰이치엔
5콰이	五块钱 wǔ kuài qián 우콰이치엔
10콰이	十块钱 shí kuài qián 스콰이치엔
50콰이	五十块钱 wǔshí kuài qián 우스 콰이치엔
100콰이	一百块钱 yìbǎi kuài qián 이바이 콰이치엔
500콰이	五百块钱 wǔbǎi kuài qián 우바이 콰이치엔
1,000콰이	一千块钱 yìqiān kuài qián 이치엔 콰이치엔
5,000콰이	五千块钱 wǔqiān kuài qián 우치엔 콰이치엔
10,000콰이	一万块钱 yíwàn kuài qián 이완 콰이치엔
얼마	多少钱 duōshao qián 뚜어샤오치엔

여러 가지 수 헤아리기

○ 달

1월	一月	yī yuè 이위에
2월	二月	èr yuè 얼위에
3월	三月	sān yuè 싼위에
4월	四月	sì yuè 쓰위에
5월	五月	wǔ yuè 우위에
6월	六月	liù yuè 리우위에
7월	七月	qī yuè 치위에
8월	八月	bā yuè 빠위에
9월	九月	jiǔ yuè 지우위에
10월	十月	shí yuè 스위에
11월	十一月	shíyī yuè 스이위에
12월	十二月	shí'èr yuè 스얼위에
몇 월	几月	jǐ yuè 지위에

○ 개월

1개월	一个月 yí ge yuè 이거위에
2개월	两个月 liǎng ge yuè 량거위에
3개월	三个月 sān ge yuè 싼거위에
4개월	四个月 sì ge yuè 쓰거위에
몇 개월	几个月 jǐ ge yuè 지거위에

○ 주

1주	一个星期 yí ge xīngqī 이거씽치
2주	两个星期 liǎng ge xīngqī 량거씽치
3주	三个星期 sān ge xīngqī 싼거씽치
4주	四个星期 sì ge xīngqī 쓰거씽치
몇 주	几个星期 jǐ ge xīngqī 지거씽치

여러 가지 수 헤아리기

○ 요일

일요일	星期天 xīngqītiān 씽치티엔
월요일	星期一 xīngqīyī 씽치이
화요일	星期二 xīngqī'èr 씽치얼
수요일	星期三 xīngqīsān 씽치싼
목요일	星期四 xīngqīsì 씽치쓰
금요일	星期五 xīngqīwǔ 씽치우
토요일	星期六 xīngqīliù 씽치리우
무슨 요일	星期几 xīngqījǐ 씽치지

○ 주

지지난 주	上上个星期 shàng shàng ge xīngqī 샹샹거씽치
지난 주	上个星期 shàng ge xīngqī 샹거씽치
이번 주	这个星期 zhè ge xīngqī 쩌거씽치
다음 주	下个星期 xià ge xīngqī 씨아거씽치
다다음 주	下下个星期 xià xià ge xīngqī 씨아씨아거씽치

1시	一点 yī diǎn	이디엔
2시	两点 liǎng diǎn	리앙디엔
3시	三点 sān diǎn	싼디엔
4시	四点 sì diǎn	쓰디엔
5시	五点 wǔ diǎn	우디엔
6시	六点 liù diǎn	리우디엔
7시	七点 qī diǎn	치디엔
8시	八点 bā diǎn	빠디엔
9시	九点 jiǔ diǎn	지우디엔
10시	十点 shí diǎn	스디엔
11시	十一点 shíyī diǎn	스이디엔
12시	十二点 shí'èr diǎn	스얼디엔
몇 시	几点 jǐ diǎn	지디엔

여러 가지 수 헤아리기

○ 날짜

1일	一号 yī hào	이하오
2일	二号 èr hào	얼하오
3일	三号 sān hào	싼하오
4일	四号 sì hào	쓰하오
5일	五号 wǔ hào	우하오
6일	六号 liù hào	리우하오
7일	七号 qī hào	치하오
8일	八号 bā hào	빠하오
9일	九号 jiǔ hào	지우하오
10일	十号 shí hào	스하오
11일	十一号 shíyī hào	스이하오

12일	十二号 shí'èr hào	스얼하오
13일	十三号 shísān hào	스싼하오
14일	十四号 shísì hào	스쓰하오
15일	十五号 shíwǔ hào	스우하오
16일	十六号 shíliù hào	스리우하오
17일	十七号 shíqī hào	스치하오
18일	十八号 shíbā hào	스빠하오
19일	十九号 shíjiǔ hào	스지우하오
20일	二十号 èrshí hào	얼스하오
21일	二十一号 èrshíyī hào	얼스이하오
몇 일	几号 jǐ hào	지하오

여러 가지 수 헤아리기

○ 분

1분	一分 yì fēn	이펀
2분	二分 èr fēn	얼펀
3분	三分 sān fēn	싼펀
4분	四分 sì fēn	쓰펀
5분	五分 wǔ fēn	우펀
6분	六分 liù fēn	리우펀
7분	七分 qī fēn	치펀
8분	八分 bā fēn	빠펀
9분	九分 jiǔ fēn	지우펀
10분	十分 shí fēn	스펀
20분	二十分 èrshí fēn	얼스펀
30분	三十分 sānshí fēn	싼스펀
40분	四十分 sìshí fēn	쓰스펀
50분	五十分 wǔshí fēn	우스펀
몇 분	几分 jǐ fēn	지펀

○ 몇 시간

1시간	一个小时	yí ge xiǎoshí 이거 시아오스
2시간	两个小时	liǎng ge xiǎoshí 량거 시아오스
3시간	三个小时	sān ge xiǎoshí 싼거 시아오스
4시간	四个小时	sì ge xiǎoshí 쓰거 시아오스
몇 시간	几个小时	jǐ ge xiǎoshí 지거 시아오스

여러 가지 수 헤아리기

○ 그 밖의 시간을 나타내는 말

그저께	前天 qiántiān 치엔티엔
어제	昨天 zuótiān 주어티엔
오늘	今天 jīntiān 진티엔
내일	明天 míngtiān 밍티엔
모레	后天 hòutiān 허우티엔
오전	上午 shàngwǔ 샹우
오후	下午 xiàwǔ 씨아우
아침	早上 zǎoshang 자오샹
점심	中午 zhōngwǔ 쭝우
저녁	晚上 wǎnshang 완샹
밤	夜晚 yèwǎn 예완
작년	去年 qùnián 취니엔
올해	今年 jīnnián 진니엔
내년	明年 míngnián 밍니엔
언제	什么时候 shénme shíhou 션머스허우

메모하세요

한번에 바로 통하는 여행 중국어회화

초판 1쇄 인쇄일 2006년 3월 15일
초판 1쇄 발행일 2006년 3월 25일
지은이 _ 최정임
펴낸이 _ 박은서
펴낸곳 _ 도서출판 **새론북스**
디자인 _ 김희정
주소 _ 경기도 고양시 덕양구 토당동 836-8 칠성빌딩 301호
전화 _(031) 978-8767-8
팩스 _(031) 978-8769

ISBN 89-91605-38-9(03720)

※ 잘못된 책은 바꾸어 드립니다.